当代人力资源管理的理论与实践

孟庆亮　何　方　刘宏涛　著

延吉·延边大学出版社

图书在版编目（CIP）数据

当代人力资源管理的理论与实践 ／ 孟庆亮，何方，
刘宏涛著. -- 延吉 ： 延边大学出版社，2024. 8.
ISBN 978-7-230-07039-3

Ⅰ．F243

中国国家版本馆 CIP 数据核字第 20241G5E50 号

当代人力资源管理的理论与实践

著　　者：孟庆亮　何　方　刘宏涛
责任编辑：魏琳琳
封面设计：文合文化
出版发行：延边大学出版社
社　　址：吉林省延吉市公园路 977 号
邮　　编：133002
网　　址：http://www.ydcbs.com
E-mail：ydcbs@ydcbs.com
电　　话：0451-51027069
传　　真：0433-2732434
发行电话：0433-2733056
印　　刷：三河市嵩川印刷有限公司
开　　本：787 mm×1092 mm　1/16
印　　张：11.25
字　　数：210 千字
版　　次：2024 年 8 月　第 1 版
印　　次：2025 年 1 月　第 1 次印刷
ISBN 978-7-230-07039-3

定　　价：68.00 元

前　　言

　　随着全球经济一体化的发展，人才的竞争越来越激烈。人才资源是经济社会发展的第一资源，经济发展的竞争，归根结底就是人才的竞争。只要掌握了人才资源，就拥有了企业竞争的核心资本。当代社会经济发展实践证明，人力资源的开发与利用对经济发展起着重要作用，人才素质的高低决定了经济发展的效率。在当今知识经济的时代背景下，人力资源已成为企业取得及维系竞争优势的关键性资源，因此，要将人力资源从潜在的生产能力转化为现实的生产力，就必须加强人力资源的开发与管理。人力资源，在每个时代都有与自己相适应的特点。随着社会经济的发展和环境的变化，人力资源管理也形成了自己的特点。当今时代是以人为核心的时代，是人才竞争优势凸显的时代。人力资源是社会经济运动的基础性要件，是形成社会财富的首要因素，是创造社会价值不可或缺的因素，是发展社会经济的关键力量。现代人力资源管理以"人"为核心，视人为"资本"，把人作为第一资源加以开发，既重视以事择人，也重视为人设事，促使员工积极主动地、创造性地开展工作，属"服务中心"。其管理出发点是"着眼于人"，既考虑人的个性、需求的差异，又考虑客观环境对人的影响，用权变观念开展工作，从而实现人力资源的合理配置、人与事的系统优化，使企业取得最佳的经济和社会效益，发挥维持一个企业的竞争优势的作用。

　　人力资源管理以"人"为核心，视人为"资本"，把人作为第一资源加以开发，即了解人力资源管理的内涵及模式，重视人力资源管理面临的问题。本书系统地讲述了当代人力资源管理的理论与实践，从人力资源管理概论入手，指出了人力资源管理的重要性。基于理论，本书对人力资源管理进行全面的阐述，并根据企业人力资源管理的有益经验，对目前存在的问题提出了建议。

　　整体来看，本书结构严谨，条理清晰，各个章节环环相扣，希望本书能够为研究现代人力资源管理的人士提供一些有价值的参考。

目　　录

第一章　人力资源管理概述

第一节　人力资源

一、人力资源的界定

（一）资源的界定

按照逻辑从属关系，人力资源应属于资源的范畴，是一种资源，并且是一种特殊的资源。为了更好地明确人力资源的概念，需要从资源开始研究。因此，在解释人力资源的含义之前，首先需要对资源进行简要的说明。

"资源"一词在《辞海》中的解释为"生产资料或生活资料等的来源"。在《现代汉语词典》中的解释为"生产资料或生活资料的来源，包括自然资源和社会资源"。资源是人类赖以生存的物质基础，从不同的角度对资源可以有不同的解释。

从经济学的角度来看，资源是指能给人们带来新的使用价值和价值的客观存在物，它泛指社会财富的源泉。自人类出现以来，财富的来源无外乎两类：一类是来自自然界的物质，可以称之为自然资源，它是指自然界形成的（未经人类加工的），可供人类生活和生存所利用的一切物质和能量的总称，可分为有形自然资源（如土地、水体、动植物、矿产等）和无形自然资源（如光资源、热资源等）；另一类是来自人类自身的知识和体力，可以称之为人力资源。这两类资源在人类社会的发展过程中所起的作用是不同的。在过去，自然资源是人类财富的主要来源。随着科学技术的迅猛发展，人力资源在财富形成过程中发挥的作用越来越大，并逐渐占据了主导地位。尤其是在科学技术越来越重要的今天，作为科学技术、知识文化载体的人力资源更是日益显示出其在经济发展中的特殊地位和作用。研究表明，实物资本的收益现在只有人力资本收益的四分之一，科技进步对经济增长的贡献率也在逐年增加。

从财富创造角度来看，资源是指为了创造财富而投入生产过程的一切要素。关于资源的分类有许多种说法，资源"两因素说"将其分为人和物两类；资源"三因素说"将其分为人、财、物三类。经济学家认为，土地、劳动、资本是构成资源的三要素。马克思认为，生产要素包括劳动对象、劳动资料和劳动者，而劳动对象和劳动资料又构成了生产资料，因此，"不论生产的社会性质如何，劳动者和生产资料始终是生产的要素"。而著名的经济学家熊彼特认为，除了土地、劳动、资本三要素，还应该加上企业家精神。随着社会的不断发展，信息技术的应用越来越广泛，发挥的作用也越来越大，现在很多经济学家认为还应该在生产要素中加上信息。目前，伴随知识经济的兴起，知识在价值创造中的作用日益凸显，因此也有人认为应当把知识作为一种生产要素单独看待。

综上所述，无论采用什么样的划分方法，劳动以及具备劳动能力的人力资源都是财富创造中不可或缺的重要资源。国内外的历史经验证明：人力资源是一种特殊的、最宝贵的资源，是一种兼具社会属性和经济属性的具有关键性作用的特殊资源。事物的一切因素只有通过人的作用，才能被开发利用。人力资源的开发与利用，不仅关系到一个企业的成败，更影响到国家综合国力的强弱。

（二）人力资源的界定

"人力资源"这一概念最初出现在美国经济学家约翰·R.康芒斯于 1919 年和 1921 年出版的两本著作《产业信誉》和《产业政府》中，约翰·R.康芒斯因此也被认为是第一个使用"人力资源"一词的人。但当时他所指的人力资源和现在人们所理解的人力资源在含义上相去甚远，仅仅是使用了相同的词语而已。

一般认为，今天的人力资源的概念是由著名的管理大师、被誉为"现代管理学之父"的彼得·德鲁克在其著作中首先予以明确界定的。在著作中，彼得·德鲁克将人力资源与传统意义上的"人事"区分开来，用这一概念表达传统的"人事"所不能表达的意思。他在书中提出了管理的三个更广泛的职能：管理企业、管理经理人员、管理员工及他们的工作。在讨论管理员工及他们工作时，彼得·德鲁克引入了"人力资源"这一概念，他认为，与其他所有的资源相比，唯一的区别就是这是人，具有其他资源所没有的协调能力、融合能力、判断力和想象力。他还认为，与其他资源相比，人力资源是一种特殊的资源，它必须通过有效的激励机制才能被开发利用，并为企业带来可见的经济价值。

在中国，"人力资源"概念的使用，最早可追溯到1955年毛泽东主持编辑的《中国农村的社会主义高潮》一书，该书收录了《发动妇女投入生产，解决了劳动力不足的困难》一文。在这篇文章的按语中，他使用了"人力资源"一词。

20世纪60年代，美国经济学家西奥多·舒尔茨和加里·贝克尔提出了现代人力资本理论。该理论认为，人力资本体现在具有劳动能力（现实和潜在）的人身上、以劳动者的数量和质量（知识、技能、经验、体质与健康）所表示的资本，它是通过投资而形成的。人力资本理论的提出，使得人力资源的概念更加广泛地深入人心。英国经济学家哈比森在《作为国民财富的人力资源》中写道，人力资源是国民财富的最终基础。资本和自然资源是被动的生产要素，人是积累资本，开发自然资源，建立社会、经济和政治并推动国家向前发展的主动力量。显而易见，一个国家如果不能发展人们的知识和技能，就不能发展任何新的东西。此后，对人力资源的研究越来越多。迄今为止，关于人力资源的含义，学者们给出了许多不同的解释。根据研究角度的不同，大致可以将这些定义分为两类：

第一类，主要是从能力的角度来解释人力资源的含义。人力资源是包含在人体内的一种能够推动整个经济和社会发展的生产能力，如果这种能力没有被开发出来，那它只是潜在的劳动生产力；如果被开发出来，就变成了现实的劳动生产力。这种观点从本质的层面来定义人力资源，持这种观点的人占有较大的比例。

第二类，主要是从人的角度出发来解释人力资源的含义。人力资源是指一个国家和地区具有劳动能力的人口的总和，包括具有智力劳动能力和体力劳动能力的人口。这种观点是从其构成的层面来定义人力资源的，认为人力资源和劳动力资源是等同的。

综上所述，从本质的层面对人力资源进行定义更具有人力资源管理发展的现实意义。本书把人力资源解释为：能够推动社会和经济发展，并能被组织所利用的劳动者的能力，是人的脑力和体力的总和，包括知识、经验、技能和体能等。这个解释包含以下几个方面的内容：

第一，人力资源的本质是人所具有的脑力和体力的总和，可以统称为劳动能力。

第二，这种能力具有推动社会和经济发展的作用。

第三，这种能力能够被组织利用，这里所说的"组织"可以大至一个国家或地区，也可以小至一个企业。

（三）与"人力资源"相近的概念区分

与人力资源相近的概念主要包括：人口资源、劳动力资源、人才资源和人力资本。

1.人力资源与人口资源

人口资源是指一个国家或地区所拥有的人口的总量，主要表现为人口的数量。人口总量在生产力和消费力两个方面制约着生产，因此，人口总量可以分为生产者人口和消费者人口两部分。人口资源为人力资源提供了一个可能的承载量，人口资源中包括人力资源。

2.人力资源与劳动力资源

劳动力资源是指一个国家或地区有劳动能力并在劳动年龄范围内的人口的总和。它是就人口资源中拥有劳动能力并且进入法定劳动年龄的那一部分人口而言的，偏重于劳动者的数量。

对劳动年龄下限的确定，主要依据人的生理发育特点，通常人到十五六岁时就可以参加社会生产劳动且不会对自身的生长发育带来不良影响。劳动年龄上限的确定：一是根据人的生理特点；二是与退休制度相联系。

人力资源不能等同于劳动力资源，前者的范围更广。劳动力资源是人力资源的一部分，人力资源还包括目前尚未成为劳动力（主要指未成年人），但未来能够成为劳动力的人口。

3.劳动力资源与人才资源

劳动力资源是由在某个工作领域中已经或未来有很大可能做出较大贡献的人所组成的人才资源。劳动力资源与人才资源两者的区别主要在于质量层次的划分。如果说劳动力资源是能够推动社会和经济的发展，具有智力劳动能力或体力劳动能力的人的总和，那么人才资源就是比较高级的劳动力资源，当然也是人力资源的高端部分。人才资源是一个国家或地区具有较强的领导能力、管理能力、研究能力、创造能力或专门技术能力的人口的总称。

4.人力资源与人力资本

人力资源和人力资本是既有联系又有区别的两个概念。就其内容和形式而言，两者具有相似之处。人力资源和人力资本都是以人为基础的概念，研究的对象都是人所具有的脑力和体力，从这点来看两者是一致的。而且，人力资源理论大都是以人力资本理论为依据的，其收益的核算是基于人力资本理论进行的，两者都是在研究将人力作为生产要素在经济增长和经济发展中的重要作用时产生的。而就其内涵和本质而言，两者又具有明显的区别。具体来讲，人力资源与人力资本有以下四点区别：

第一，概念的范围不同。人力资源包括自然性人力资源和资本性人力资源。自然性人力资源是指未经任何开发的遗传素质与个体；资本性人力资源是指经过教育、培训、健康与迁移等投资而形成的人力资源。人力资本是指所投入的物质资本在人身上所凝结的人力资源，是可以投入经济活动并能带来新价值的资本性人力资源。人力资本存在于人力资源之中。

第二，关注的焦点不同。人力资源关注的是价值问题，而人力资本关注的是收益问题。

第三，性质不同。人力资源反映的是存量问题，而人力资本反映的除了存量问题还有流量问题。资源是存量的概念，而资本是兼有存量和流量的概念。如果从生产活动的角度来看，人力资本往往与流量核算相联系，表现为经验的不断积累、技能的不断提高、产出量的不断变化和体能的不断消耗；如果从投资活动的角度来看，人力资本又与存量核算相联系，表现为从投入到教育、培训、迁移和健康等方面的资本在人身上的凝结。

第四，研究的角度不同。人力资源是将人力作为财富的源泉，是从人的潜能与财富的关系来研究人的问题。而人力资本则是将人力作为投资对象，作为财富的一部分，是从投入与收益的关系来研究人的问题。

二、人力资源的数量和质量

人力资源包括数量和质量两个方面。由于人力资源是依附于人身上的劳动能力，和劳动者密不可分，因此，可以用劳动者的数量和质量来反映人力资源的数量和质量。

（一）人力资源的数量

1.人力资源数量的计量

对企业而言，人力资源的数量一般来说就是其员工的数量。对国家而言，人力资源的数量可以从潜在人力资源的数量和现实人力资源的数量两方面来计量：

（1）潜在人力资源的数量

潜在人力资源是指一个国家或地区中具有劳动能力的人口的总和。潜在人力资源的数量，可依据一个国家或地区具有劳动能力的人口的数量加以计量。每个国家都根据各自的国情对人口进行劳动年龄划分。在中国，现行的劳动年龄是：男性为16~60周岁，女性为16~55周岁。把分段年龄上下限之间的人口称为"劳动适龄人口"；把小于劳动年龄下限的人口称为"未成年人口"；把大于劳动年龄上限的人口称为"老年人口"。一般认为，后两类人口不具备劳动能力。

（2）现实人力资源的数量

现实人力资源指的是一个国家或地区在一定时间内拥有的实际从事社会劳动的全部人口。显然，现实人力资源和潜在人力资源有着十分密切的关系。现实人力资源是一个国家或地区直接投入的人力资源；潜在人力资源则是在一定条件下可以动员投入的人力资源。现实人力资源的数量等于潜在人力资源的数量减去其中那些虽有劳动能力，但是目前不能或不愿从事社会劳动的人的数量，如在校学习的青年学生，在武装部队服现役的军人等。

2.影响人力资源数量的因素

影响人力资源数量的因素主要有三个：

（1）人口的状况

由于劳动力人口是人口总体中的一部分，而人力资源的数量又体现为劳动人口的数量，因此，人力资源的数量首先取决于人口总量及通过人口的再生产形成的人口变化。从这个意义上说，人口的状况就决定了人力资源的数量。

（2）人口的年龄结构

人口的年龄结构是影响人力资源数量的一个重要因素。在人口总量一定的情况下，人口的年龄结构直接决定了人力资源的数量。

（3）人口迁移

人口迁移可以使得一个地区的人口数量发生变化，继而使得人力资源的数量也发生变化。

（二）人力资源的质量

人力资源是人所具有的脑力和体力的总和，因此劳动者的素质直接决定了人力资源的质量。最直接体现人力资源质量优劣的是人力资源和劳动要素的体质水平、文化水平、专业技术水平、道德情操水平以及心理素质水平等的高低。

与人力资源的数量相比，人力资源的质量更为重要。一方面，随着社会经济的发展，科学技术对人力资源的质量提出了更高的要求；另一方面，从人力资源内部替代性的角度来看，人力资源的质量对数量的替代作用较强，而人力资源的数量对质量的替代作用较弱，甚至不能替代。

影响人力资源的质量的因素主要有以下三个：

（1）遗传和其他先天因素

人类的体质和智力具有一定的继承性，这种继承性来源于对人口遗传基因的保持，并通过遗传与变异使人类不断地进化、发展。人口的遗传，从根本上决定了人力资源的质量及最大可能达到的程度。但是，除了那些因遗传病而致残的人，不同的人在体质水平与智力水平上的先天差异是比较小的。

（2）营养因素

营养因素是人体发育的重要条件。一个人的营养状况，特别是儿童期的营养状况，必然会影响其未来成为人力资源时的体质与智力水平，同时也是人体正常活动的重要条件，只有充足而全面的营养供给和吸收才能维持人力资源原有的质量水平。

（3）教育因素

教育是人为传授知识、经验的一种社会活动，是教育者对受教育者实施多方面影响的过程，是改善人力资源质量的一种最重要、最直接的手段，可以使得人力资源的智力水平和专业技能水平都得到提升。

三、人力资源的特征和作用

（一）人力资源的特征

人力资源的实体是人，作为社会经济资源中的一个特殊种类，人力资源有着与其他资源不同的特征。

1.生物性

人力资源是一种"活"的资源，与人的自然生理特征相联系。生物性是人力资源最基本的特征。一方面，人力资源的生产基于人口再生产这种生命过程，其接受教育也需要一定的智力前提；另一方面，人力资源的使用也受到了诸如身体疲劳度、人身安全性、工作时间等人的自然生命特征的限制。

2.主观能动性

主观能动性是人有别于自然界其他生物的根本标志之一。人具有思想、感情，有主观能动性，能够有目的、有意识地认识和改造客观世界。在改造客观世界的过程中，人能通过意识去分析、判断及预测其所采取的行为、手段及产生的结果。人具有的社会意识和在社会生产过程中所处的主体地位，使人力资源具有诸如自我强化、选择事业和积极劳动等能动作用。

3.时效性

人力资源的形成、开发和使用都受到时间的限制。从个体角度来看，人具有生物有机体的生命周期，人在幼年期、成年期、老年期不同阶段的劳动能力是不同的。当人处于幼年期时，其体力和脑力尚不足以用来进行价值创造；当人处于老年期时，其体力和脑力会随着年龄的增长而不断衰退，越来越不适宜进行劳动。因此，处于幼年时期和老年时期的人不能被称为人力资源。而成年期人的体力和脑力的发展都达到了可以从事社会劳动的程度，成为现实的人力资源。生命周期和人力资源的这种倒"U"形关系决定了人力资源的时效性。从社会角度来看，人才的培养和使用分为培训期、成长期、成熟期和老化期。

4.可再生性

人力资源是可再生性资源。具体来说，人力资源这种可再生性是基于人口的再生产，从而使得自身实体得以延续、更新和发展，并基于教育而获得能力的延续、更新和发展。但人力资源的可再生性有别于一般生物资源的可再生性，除遵循一般生物学规律之外，人力资源还受到人类意识的支配和人类活动的影响。

5.可变性

人力资源的可变性是指在使用过程中，其作用发挥的程度可能会有所变动。人力资源的载体——人，在其劳动能力的使用过程（劳动过程）中，可能会因为心理和情绪的波动和变化影响其劳动能力的发挥，从而影响劳动的效果。例如，人在有效的激励下，自身的积极性、主动性和创造性会极大地被激发出来，自身的能力也会得到充分的发挥，从而使其劳动效果最好，创造的价值也最大。反之，则会使人力资源的作用程度和效果变差。此外，人力资源的可变性还表现为人力资源生成的可控性。

6.差异性

从个体角度来看，人力资源个体具有差异性。不同的人力资源个体在个人的知识技能条件、择业倾向、工作行为特征等方面存在一定的差异，这种差异性决定了人力资源需求单位对其选择的差异性。从宏观角度来看，在社会人力资源总体中存在着一定的差异，体现为社会人力资源人群的择业方向和人力资源市场的分层。

7.社会性

人力资源具有社会性，主要表现为人的体力和脑力受到时代和社会因素的影响和制约，社会政治、经济、文化等因素都会影响人力资源质量的高低。

8.可开发性

人力资源具有可开发性，人力资源的开发具有投入少、产出大的特点。教育和培训是人力资源开发的主要手段，也是人力资源管理的重要职能。人力资源的使用过程也是人力资源的开发过程，可以持续不断地开发与发展。

（二）人力资源的作用

1.人力资源是社会财富形成的关键因素

社会财富是由具有使用价值的产品所构成的。从质的方面来看，自然资源转变为社会财富必须要有人力资源的作用。因为产品的形成必然要经过人的劳动，要由人使用劳动工具，并作用于劳动对象，生产出具有使用价值的劳动产品。在这个劳动过程中，人力资源发挥了关键性的作用，可以说没有人力资源的作用就不会有劳动产品的形成，也就不会有社会财富。从量的方面来看，人力资源的使用量决定了社会财富的形成量。一般来说，在其他要素投入充分的情况下，人力资源的使用量越大，创造的财富就越多；反之，则越少。所以，无论是从质的方面还是从量的方面来研究，都会得出同样的结论：人力资源是社会财富形成的关键因素。

2.人力资源是经济发展的主要力量

现代经济理论认为，经济增长主要取决于四个因素：一是新的资本资源的投入；二是新的可利用的自然资源的发现；三是劳动者的平均技术水平和劳动效率的提高。四是科学、技术和社会知识储备的增加。显然，这四个因素都与人力资源有关，特别是后两个因素与人力资源密切相关。因此，人力资源决定了经济的发展。经济学家也因此将人力资源称为"第一资源"。芝加哥大学教授、诺贝尔经济学奖获得者西奥多·舒尔茨认为，人力资本（人力资源的货币表征）是国家或地区的富裕之源泉。

当代发达国家不仅在资本资源方面占有优势，而且自然资源也得到了充分的利用。

另外，当代发达国家经济增长主要依靠劳动者的平均技术和劳动效率的提高以及科学、技术和知识储备的增加。

对发展中国家而言，初期经济发展的辉煌主要建立在不断增加资本资源投入，开发和利用更多的自然资源的基础之上。但许多国家的实践已经证明，自然资源和资本资源并非一条持续发展的道路。这是因为：一方面，资本资源和自然资源作用的发挥离不开与之相适应的劳动者技能和科学知识的掌握及运用；另一方面，自然资源的进一步开发和更多资本资源的取得也需要与之相适应的科学技术、知识信息的应用和劳动者的努力。如果这两方面的问题解决不好，发展中国家就无法有效地利用他们可能获得的宝贵的资本资源和有限的自然资源。一些发展中国家花费巨额外汇购买高新技术、设备，最终却事与愿违，也从反面证实了这个道理。

3.人力资源是企业的首要资源

企业是社会经济的细胞，是现代社会中最常见、最基本的社会经济组织，是经济活动的主体。企业的发展必然要投入各种资源，也就是人们所说的人、财、物等，而在这些资源中，人力资源是第一位的，也是企业首要的资源。在人与物这一对因素中，只有人的因素才是决定性的。著名的管理大师彼得·德鲁克也曾指出，企业只有一项真正的资源——人。

现代企业的生存是一种竞争性生存，人力资源对企业增强竞争力起着重要的作用。这种竞争优势可以通过两个途径实现：一是成本优势；二是产品差异化优势。因此，人力资源对企业成本优势和产品差异化优势意义重大。

第一，人力资源是企业获取并保持成本优势的控制性因素。其一，高素质的员工需要较少的职业培训，从而减少教育培训成本的支出。其二，高素质的员工有更高的劳动生产率，可以大大降低生产成本的支出。其三，高素质的员工更能开动脑筋，寻求节约的方法，提出合理化建议，减少浪费，从而降低能耗和原材料消耗，进而降低企业的生产成本。其四，高素质员工表现为能力强、自学性高，无须严密监控管理，可以大大降低管理成本。各种成本的降低会使企业在市场竞争中处于价格优势地位。

第二，人力资源是企业获取和保持产品差异化优势的决定性因素。企业产品差异化优势主要表现在创造比竞争对手质量更好的产品和服务，提供竞争者没有的创新性的产品和服务。显然，对于前者，高素质的员工对创造高质量的一流产品和服务具有决定性的作用；对于后者，高素质的员工，尤其是具有创造能力、创新精神的研究开发人员更能设计出创新性的产品和服务。两者结合起来，就能使企业持续地获取和保持产品差异化优势，使企业在市场竞争中始终处于主动地位，并立于不败之地。

第二节　人力资源管理

一、人力资源管理的内涵

1.人力资源管理与现代管理学

管理是社会生产力发展的产物，是共同劳动的结果。管理是为了实现一定的目标，管理者依照某些原则、程序、方式、方法和手段，对有关的人和事进行计划、组织、指挥、协调和控制的一系列活动过程的总称。在组织、领导、激励、控制等管理的职能中都包含着人力资源管理的内容。因此，人力资源管理是现代管理学的分支，两者是局部与整体的关系。

2.人力资源管理与企业管理

人力资源管理是企业管理的一个组成部分，人力资源管理和企业管理是部分与整体的关系。具体来说，一方面，人力资源管理是企业管理的重要组成部分。企业的正常运行、既定目标的实现，都离不开各种资源，企业管理从某种意义上来说，就是对企业中投入和拥有的资源进行有效管理。人力资源是企业各种资源中最重要的资源，企业中各项工作的开展都离不开人力资源，没有人力资源，企业的既定目标的实现就失去了可能性，而人力资源管理正是要人尽其才，事得其人，人事相宜，为企业既定目标的实现提供强有力的支持和保证。另一方面，无论人力资源管理在企业管理中处于多么重要的位置，发挥着多么重要的作用，它也只是企业管理的一个组成部分，与企业管理也只是部分和整体的关系，所以，人力资源管理不能也不可能代替企业管理去解决企业中的全部问题。

3.人力资源管理与人事管理

人事管理与人力资源管理代表了关于人的管理的不同历史阶段。

人事部门的正式出现大致在 20 世纪 20 年代。目前，人事管理领域得到了进一步扩大，在西方的管理观念和实践中，已经趋向采用"人力资源管理"这一概念来代替人事管理的概念。

人事管理是国家管理、社会组织管理的重要职能。在企业生产经营活动中，人事管理是企业管理的重要组成部分。传统的人事管理是以人与事的关系为核心，以组织、协调、控制、监督人与事的关系为职责，以谋求人与事的相适为目标的管理活动，是企业管理中一个相对独立的系统。早期的人事管理主要是人事档案管理，如记录员工的进出、工资、晋升、岗位变动以及奖惩等情况。在企业组织中，人事部门的主要职能往往被人们看作记录性的档案管理。此后，人事管理又发展成一种被称为"反映性管理"的职能，如某人工伤、出现劳动纠纷等可以通过"反映"得到解决。但是，人事管理在很长的一段时间里仍然处于一种被动和缺乏灵活性的状态，它至多停留在"反映"的程度上。应当指出的是，人事管理作为企业管理中的重要一环，是在管理活动过程中逐渐发展和完善的，它在决策中的重要地位也日益凸显。几十年来，随着知识经济的兴起，企业界的有识之士越来越认识到员工对于企业的决定性作用，逐步确立了"以人为本"的企业管理指导思想。针对人事管理传统模式的被动性、缺乏灵活性的弊端，欧洲各国率先对人事管理做了较大的变革，并以人力资源管理代之。

由于人力资源管理与人事管理在很多方面相互联系、互相渗透，所以很容易让人误认为传统的人事管理与人力资源管理只是名称不同，仅是对同一个事物的不同称呼而已。实际上，它们之间有本质上的区别，其差异点主要表现在以下四个方面：

第一，核心不同。传统的人事管理，强调以"工作"为核心，着重强调人对工作的适应性。认为员工应该服从工作的需要，对员工的评价也只是对其工作绩效的评价，而对员工的个人愿望和发展置之不顾。人力资源管理则强调以"人"为本，以"人"为核心，强调人的价值与人的决定性作用。当然，这并不是意味着对工作的轻蔑，而是努力寻求"人"与"工作"的契合点，是一种较为典型的"双赢方案"。

第二，在企业中的战略地位不同。传统的人事管理，特别是在计划经济下的国有企业，人事部门被看作一个普通业务管理部门，一个与企业的经济效益没有多少直接联系的部门。而现代意义上的人力资源管理则被看作企业经营战略的重要组成部分，是企业竞争的重要资源。

第三，工作的着眼点不同。传统的人事管理主要着眼于当前人员的补充、岗位的培训等。无论从指导思想还是从工作内容来看，都主要偏重于事务性。而人力资源管理则是从最大限度地挖掘人的潜能、调动人的积极性的战略高度来谋求企业的长远发展，追求投入产出的最佳方式。

第四，系统关系不同。传统的人事管理是多个分散的管理部门，如上、中层干部归组织部管，其他人员归人事科管，培训归教育科管等。而人力资源管理则是一个完整的系统，它把组织中与人有关的各个项目统筹管辖、合理安排，具有较强的科学性和实用性。

因此可以说，人力资源管理是现代的人事管理。人力资源管理和人事管理之间是一种继承与发展的关系：一方面，人力资源管理是对人事管理的继承，是从传统的人事管理演变而来的，人力资源管理依然要履行人事管理的许多职能；另一方面，人力资源管理又是对人事管理的发展，它的立场和角度完全不同于人事管理，可以说是一种全新视角下的人事管理。

4.人力资源管理与组织行为学

人力资源管理与组织行为学，是应用学科与基础理论学科间的关系。组织行为学集中了行为科学的主要研究成果，偏于心理方面的研究，包括个体心理、群体心理、组织心理和领导心理等。这些理论的应用构成了人力资源管理的基本内容。在实际的学科研究中，很难将组织行为研究与人力资源管理研究分开。例如，团队组织、组织文化、组织变革、组织强化、领导者开发等就很难界定成单一的人力资源管理或单一的组织行为学。也可以理解为，组织行为管理主要研究人力资源的心理层面，而人力资源管理则主要研究人力资源的职能层面，如人力资源计划、招聘、培训、绩效、薪酬、劳动关系、组织文化建设等各种管理职能。

二、人力资源管理的发展历程及趋势

（一）人力资源管理的发展历程

人力资源管理从产生直至发展到目前相对完善的理论体系，经历了一个长期的演变过程。人力资源作为管理的重要组成部分，其发展必然是伴随着管理理论的不断丰富而逐步完善的。因为系统化和理论化的管理最早产生于西方社会，所以，人们对人力资源管理发展历程的考察主要集中于西方发达国家。应当强调的是，对人力资源管理发展阶段的研究，其目的并不在于这些阶段本身，而是要借助这些阶段的划分来把握人力资源管理的整个发展脉络，从而加深对它的理解。

国内外学者对人力资源管理发展历程的研究一般都是按照将其划分为若干个阶段的思路来进行的。而对于阶段的具体划分，学者们从不同的角度出发，提出了诸多的观点和看法。其中具有代表性的观点包括六阶段论、五阶段论、四阶段论和三阶段论。这些理论从不同的角度揭示了人力资源管理的发展历程。

1.六阶段论

以美国华盛顿大学的弗伦奇为代表的学者，从管理的历史背景出发，将人力资源管理的发展划分为六个阶段：

第一，科学管理运动阶段。这个阶段关注的重点是职位分析、人员的选拔和报酬方案的制订。

第二，工业福利运动阶段。工业福利运动几乎与科学管理运动同时展开。这时，专门从事员工福利方案制订和实施的所谓社会秘书（福利秘书）在企业中出现，员工的待遇和报酬成为管理者关心的重要问题。

第三，早期工业心理学阶段。工业心理学的创始人雨果·芒斯特伯格的研究成果，有力地推动了企业人事管理工作的科学化进程。个人心理特点和工作绩效关系的研究以及人员选拔中预测效度的提出，使得人事管理逐步进入科学化的发展轨道。

第四，人际关系运动时代。著名的霍桑实验使管理从科学管理时代步入了人际关系时代。在霍桑实验的影响下，人力资源管理开始由以工作为中心转为以人为中心。

第五，劳工运动阶段。雇佣者与被雇佣者的关系，一直是人力资源管理的重要内容之一。1842 年到 1935 年，劳工运动在美国经历了近百年的发展阶段。从美国马萨诸塞州最高法院 1842 年对劳工争议案的判决开始，美国的工会运动经历了快速发展，到 1886 年美国劳工联合会成立。在大萧条时期，工会也处于低潮。1935 年，随着美国劳工法案——瓦格纳法案的颁布，工会重新兴盛。罢工现象此起彼伏，要求缩短工时、提高待遇的呼声越来越高，因此出现了"集体谈判"。20 世纪 60—70 年代，美国联邦政府和州政府连续颁布了一系列关于劳动和工人权利的法案，促进了劳工运动的发展，人力资源管理成为法律敏感行业。从那时起直到今天，在西方国家的人力资源管理中，处理劳工关系，使企业避免劳动纠纷诉讼，一直都是人力资源管理的重要职能。

第六，行为科学与组织理论时代。20 世纪 80 年代，组织管理的特点发生了变化。

在激烈的竞争环境中，企业越来越重视其对外部环境的反应能力和根据外部环境进行变革的组织弹性，以此来增强企业的竞争力。在这个阶段，人力资源管理的特点是将组织看作整个社会系统的一个子系统，而人是这个系统的组成部分。从单个的人到组织，把个人放在组织中进行管理，强调文化和团队的作用。

中国学者董克用也将人力资源管理的发展历程划分为六个阶段：

第一，萌芽阶段，即工业革命时代。工业革命的出现，使社会生产方式发生了根本性变化。由于劳动分工思想的提出，个体劳动在工厂中消失，工人的协作劳动成为主体，因此对工人的管理问题就逐渐凸显出来。在这一阶段，诸如在劳动分工的基础上对每个工人的工作职责进行界定、实行具有激励性的工资制度、对工人的工作业绩进行考核等各种管理思想逐渐形成。尽管这些管理思想基本上以经验为主，并没有形成科学的理论，但是这些管理思想奠定了人力资源管理的雏形。

第二，建立阶段，即科学管理时代。科学管理思想的出现使管理从经验阶段步入了科学阶段，这在管理思想发展史上具有划时代的意义。一方面，诸如职位分析、招聘录用、员工培训等人力资源管理的基本职能在这一阶段初步形成；另一方面，出现了负责招聘录用、抱怨处理、工资行政等事务的专门的人事管理部门。这些都标志着人力资源管理的初步形成。

第三，反省阶段，即人际关系时代。从霍桑实验引发了对科学管理思想的反思，将员工视为"经济人"的假设受到了现实的挑战。霍桑实验发现了人际关系在提高劳动生产率中的重要性，揭示了对人性的尊重、人的需要的满足、人与人的相互作用以及归属意识等对工作绩效的影响。人际关系理论开创了管理中重视人的因素的时代，是西方管理思想发展史上的一个里程碑。这一理论同时也开启了人力资源管理发展的新阶段，很多企业采用了诸如设置专门的培训主管、强调对员工的关心和理解以及加强员工和管理者之间的沟通等人事管理的新方法。人事管理人员负责设计和实施这些方案，人事管理的职能得到了极大的丰富。

第四，发展阶段，即行为科学时代。从20世纪50年代开始，基于人际关系的人事管理方法逐渐受到了挑战，"愉快的工人是生产率高的工人"的假说并没有得到事实的证明。组织行为学的发展，使得人事管理从对个体的研究与管理扩展到对群体和组织的整体研究和管理，人力资源管理也从监督制裁到人性激发、从消极惩罚到积极激励、从专制领导到民主领导、从唯我独尊到意见沟通、从权力控制到感情投资，并努力寻求人与工作的契合。

第五，整合阶段，即权变管理时代。在这一阶段，企业的经营环境发生了巨大的变化，各种不确定性因素在增加，企业管理不仅要考虑自身的因素，还要考虑外部的各种因素的影响。在这种背景下，权变理论应运而生，它强调管理的方法和技术要随企业内外环境的变化而变化，应当综合运用各种管理理论而不是运用某一种理论。在这种理论的影响下，人力资源管理发生了深刻的变化，同样强调针对不同的情况采取不同的管理方式、实施不同的管理措施。

第六，战略阶段，即战略管理时代。进入 20 世纪 80 年代以来，在西方经济发展过程中的一个突出的现象就是兼并，为了适应兼并发展的需要，企业必须制定出明确的发展战略，因而战略管理逐渐成为企业管理的重点，而人力资源管理对企业战略的实现有着重要的支撑作用，因此，从战略角度思考人力资源管理的问题，将其纳入企业战略管理的范畴成为人力资源管理的主要特点和发展趋势。

2.五阶段论

以罗兰和费里斯为代表的学者根据人力资源的发展史，将其发展历程划分为五个阶段：工业革命时代、科学管理时代、工业心理时代、人际关系时代、工作生活质量时代。

在五阶段论中，前四个阶段的划分和弗伦奇的六阶段论基本一致，不同的是五阶段论把工作生活质量划分为一个独立的时代。工作生活质量是员工对自己在工作环境中的生理和心理健康状况的知觉。对于工作生活质量，可以从两个不同的角度来理解：一是可以等同于组织的客观条件和活动，如内部晋升政策、民主管理、员工参与、安全工作条件等；二是可以等同于员工个人对于自己在组织中生活的感受和认识，主要是自己的需要是否得到了满足。工作生活质量的核心是参与，其方法有很多，如工会-管理者协作项目、参与式工作设计、利润分享、员工持股方案等。因此，在 20 世纪 80 年代，由于参与管理、民主管理、全面质量管理、学习型组织、企业文化等盛行，人力资源管理也受到了影响。

3.四阶段论

以韦恩·卡肖为代表的学者从功能的角度，将人力资源管理的发展历程分为四个阶段：

第一，档案保管阶段。在这个阶段，企业内部设置了独立的或非独立的人事部门，其主要工作就是招聘、录用、培训和人事档案管理。此时，人力资源管理缺乏对其工作性质与目标的认识，并且企业内部也没有清晰的人事管理条例和制度。

第二，政府职责阶段。政府对企业内部管理的介入和相关法律的制定都对企业人力资源管理产生了巨大影响。美国 1964 年通过《民权法》后，又相继颁布了《反各种族歧视法》《退休法》和《保健安全法》等涉及公民雇佣的多种法规，企业如果违反了这些法规就会付出巨大的经济代价。这迫使企业各层领导对劳动人事管理工作给予了足够的重视，不允许任何环节有丝毫疏忽，力求避免和缓解劳资纠纷，并在出现劳资纠纷时能争取主动。但这种重视仅仅是从规避法律风险的角度出发，只是为了应对政府的要求，因此，许多企业的高层领导都将人力资源管理所支出的费用视为不能直接为企业创造价值和产生利润的非生产性消耗。

第三，组织职责阶段。受心理学、社会学和组织行为学渗透到企业管理领域而形成的理论被企业广泛接受、劳资关系紧张的加剧以及政府官员对企业的不公正干预等因素的影响，企业领导人逐渐转变了以往把人事管理视为政府职责的观念，而将人事管理作为企业的"组织职责"，视人力资源为企业最重要的战略资源，吸收人事经理进入企业领导高层，共同参与企业的经营决策。许多企业的高层领导人都相信，调动人的积极性和掌握处理人际关系的技能非常重要，这既是保证企业摆脱当前困境的有效方法，也是保证企业未来成功的关键因素。20 世纪 80 年代初，美国以及欧洲一些国家出现了人力资源开发和管理的组织，人事部门也纷纷改名为人力资源管理部，企业实现了由强调对物的管理向强调对人的管理的转变。

第四，战略伙伴阶段。人力资源战略成为公司重要的竞争战略，把人力资源管理上升到公司战略的高度，使人力资源管理与公司的总体经营战略紧密联系，是 20 世纪 90 年代以来企业人力资源管理的重要发展目标。在这个阶段，人们已经达成一个共识：在国际范围的市场竞争中，无论是大公司还是小公司，要想获得和维持竞争优势，核心的资源是人力资源。这使得人力资源管理成为整个企业管理的核心。

4.三阶段论

福姆布龙、蒂奇等首先提出把人力资源作为战略的概念，并根据人力资源管理在组织管理中所扮演的角色和所起的作用，把人力资源管理的发展历程分为三个阶段：

第一，操作性角色时代。在这一阶段，人力资源管理的主要内容是一些简单的事务性工作，在管理中发挥的作用并不是很明显。

第二，管理性角色时代。在这一阶段，人力资源管理开始成为企业职能管理的一部分，并承担着相对独立的管理任务和职责。

第三，战略性角色年代。随着市场竞争的加剧，人力资源在企业中的作用愈加重要，人力资源管理开始被纳入企业的战略层次，要求从企业战略的高度来思考人力资源管理的相关问题。

国内学者付亚和、孙健敏等将西方人力资源管理的发展历程划分为三个阶段：

第一，初级阶段。这一阶段管理的中心是如何通过科学的工作方法来提高人的劳动效率。

第二，人事管理阶段。这一阶段以工作为中心。

第三，人力资源管理阶段。这一阶段强调人与工作的相互适应。

这种阶段的转变也可以从流行的专业术语中反映出来。初级阶段，主要围绕劳工关系展开，所使用的术语主要是劳工关系、工业关系、雇佣关系、劳动管理、人力管理、人事管理等。

在人事管理阶段，强调人对工作的适应，借助于心理学的研究方法和研究结果，把工作分析、心理测验、绩效考核、职业生涯、管理开发等作为研究主体。

进入 20 世纪 80 年代后期，人力资源管理转变为人与工作的相互适应，或者是以人为中心的管理，强调工作为人服务（包括客户和员工），人是最大的资本和资源。人力资源战略、组织变革、企业文化、员工权利、灵活的报酬制度和管理制度、全员持股方案等成为流行术语。

（二）人力资源管理的发展趋势

随着知识经济时代的来临，信息通信技术不断发展，技术更新速度进一步加快，融资手段、方式的多样化，使得组织间的竞争由产品、财力的竞争，逐渐发展到智力资本的竞争。组织只有取得了比竞争对手更为优质的人力资源，并充分发挥其智力，才会在竞争中获得并保持优势。因此可以说，组织竞争逐渐步入了智力资本竞争时代。为了顺应时代的发展，组织必须不断提升对人力资源的重视程度，把人力资源的开发和管理作为组织提高效率、保证自身竞争优势的利器。在 21 世纪，人力资源管理将以更加积极的姿态出现，其发展突出以下重点：

1.以人为本

在知识经济时代，由于组织规模的不断扩大，组织内部的协调机制发生了根本性的变化，组织管理者不再以命令、控制来协调员工的观念和行为，而更多地通过授权、沟通，从而达到既实现组织目标，又满足员工个人发展的需要。通过文化建设，倡导共同的价值观，带动组织管理工作的全面发展。也就是说，管理的理念与管理方式越来越柔性化、人性化，这是人力资源管理价值观的创新。

2.学习型组织

在知识经济时代，人力资源开发与管理首先要求每一位员工都成为自觉学习的"学习人"。学习知识和不断创造新的知识，并将知识转化为现实的生产力，将成为21世纪人们最重要的活动。学习型组织的真谛是：一方面使组织具有不断改进的能力，提高组织竞争力；另一方面实现个人与工作的真正融合，使人们在工作中实现生命的意义。学习型组织的成功缔造，使得组织和员工实现不断进步、共同创造美好未来成为最终目的。

3.跨文化管理

随着经济全球化的到来，国际性的交流日益频繁，不同文化背景下的管理理念相互冲撞、相互融合。如何处理好人力资源管理政策和功能的国际化和本土化，成为希望实施全球战略的跨国公司所面临的最大挑战。虽然从人力资源管理的职能角度来看，跨国公司与普通公司一般无二，但不同国家的环境和文化必然使得诸如人员的选择、培训、评估和职位晋升等人力资源管理的实践活动在方式方法上存在着较大的差异。如何处理好由文化差异所带来的管理理念和管理方式上的差异，成为人力资源管理所面临的一项新课题。

4.战略人力资源管理

人力资源已经成为组织重要的战略性资源，并被充分考虑到组织的战略规划中去。人力资源管理部门不只是为其他部门提供例行性服务，组织也不再只是对人力资源进行浅层次的管理，而是将人力视为一种可增值的资源进行深度开发与经营。组织需要建立起由高管人员、直线经理以及专业人力资源管理团队共同组成的人力资源经营主体，将人力资源管理提升到战略高度。

三、人力资源管理的功能及目标

（一）人力资源管理的功能

由于人力资源管理的功能和职能在形式上可能有些相似，并且在英文中，"功能"和"职能"也都对应为同一单词"function"，因此许多人常常把人力资源管理的功能和职能混淆。从严格意义上来说，功能和职能在本质上是不同的。所以，将人力资源管理的功能和职能加以严格区分具有重要意义。人力资源管理的功能是指它自身应该具备或者发挥的作用；而人力资源管理的职能则是指其所应承担或履行的一系列活动。人力资源管理的功能是通过它的职能来实现的，是人力资源管理职能履行的结果。

人力资源管理的功能主要体现在四个方面，即人力资源的获取、开发、保持和激励。

人力资源的获取功能，是指为实现企业目标，吸引和甄选合适的人员进入企业，并将其配置到相应的岗位上；人力资源的开发功能，是指企业不断地培训员工，开发员工的潜能，使他们掌握在本企业现在及将来工作所需要的知识、能力和技能；人力资源的保持功能，是指使现有员工满意并继续留在本企业工作；人力资源的激励功能，是指引导与改变员工的态度、行为，使其在本职工作岗位人尽其才，创造优良绩效。

应当注意的是，人力资源管理的这四项功能不是孤立无关的，而是密切联系、相辅相成、彼此配合的。组织在某一方面的决策常常会影响其他方面的决策。具体来说，人力资源的获取功能是基础，它为其他功能的实现提供了前提条件，没有人进入企业工作，其他功能就无从谈起，但是如果选择不恰当的人进入企业，也会给其他功能的发挥带来极大的障碍。人力资源的激励功能是核心，只有激励员工创造优良业绩，才能确保组织战略目标的实现，最终使企业得以生存与发展，所以，其他功能都是为其服务的。人力资源的开发功能是手段，没有合适的培训与开发，员工无法掌握相应的知识、能力与技能，就不可能获得较高的绩效，激励功能也无法被发挥出来，所以育人是用人的前提，通过育来实现用，从而实现最终目标。人力资源的保持功能是保障，只有使获取的员工满意并安心在本企业工作，才能形成并保持企业的核心竞争力，从而降低企业成本，开发功能与激励功能也才有稳定的对象。

（二）人力资源管理的目标

人力资源管理应当达到或实现什么样的目标，一直都是学术界和人力资源管理专业人员在认真研究和思考的问题，学者们提出了许多概括和说明。

有学者提出了四大目标：

第一，保证适时地雇用到组织所需要的员工。

第二，最大限度地挖掘每个员工的潜质，既能服务组织目标，也能确保员工的发展。

第三，留住那些通过自己的工作有效地帮助组织实现目标的员工，同时排除那些无法为组织提供帮助的员工。

第四，确保组织遵守政府有关人力资源管理方面的法令和政策。

还有学者认为，人力资源管理应当实现十个目标：

第一，通过公司最有价值的资源——员工来实现公司的目标。

第二，使人们把促成组织的成功当作自己的义务。

第三，建立具有连贯性的人事方针和制度。

第四，努力寻求人力资源管理方针和企业目标之间的统一。

第五，当企业文化合理时，人力资源管理方针应起支持作用，否则人力资源管理方针应促使其改善。

第六，创造理想的组织氛围，鼓励个人发挥创造性，培育积极向上的作风。

第七，创造灵活的组织体系，帮助公司实现在竞争环境下的具体目标。

第八，增强员工个人在决定上班时间和职能分工方面的灵活性。

第九，提供工作和组织条件，为员工充分发挥潜力提供支持。

第十，维护和完善员工队伍以及产品和服务。

人力资源管理的最终目标是有助于实现企业的整体战略和目标。因为对企业进行管理的目的就是要实现企业的既定目标，而人力资源管理作为管理的重要组成部分，必然要有助于此目标的实现。虽然不同企业的整体目标可能有所不同，但创造价值以满足相关利益群体的需要这一最基本的目标都是一致的。所以，人力资源管理具体目标的实现可以保证人力资源管理的最终目标的实现，从而支持企业整体目标的实现。

四、人力资源管理的职能

人力资源管理的目标是通过其承担的各项职能及从事的各项活动得以实现的。有关人力资源管理的职能和活动，国内外的学者看法不一，存在许多观点。综合来看，人力资源管理的基本职能大致可以归纳为以下七个方面：

（一）人力资源规划

人力资源规划是为了实现企业的战略目标，根据企业的人力资源现状，科学地预测企业在未来环境变化中的人力资源供求状况，并制定相应的政策和措施，从而使企业的人力资源供给和需求达到平衡，并使企业和个人都获得长期的利益。其主要活动：一是根据企业的发展战略和经营目标预测未来在一定时期内，企业的人力资源需求和供给；二是根据预测的结果，制订供需平衡的计划。

（二）工作岗位研究

工作岗位研究是指以企事业单位中各类劳动者的工作岗位为对象，采用科学的方法，经过系统的岗位调查、岗位信息的采集，以及岗位分析和岗位评价，制定出岗位说明书等人事管理文件，为员工的招聘、考核、培训、晋升、调配、薪酬和奖惩提供客观依据的过程。其主要活动：一是界定企事业单位内各职位所要从事的工作内容和承担的工作职责；二是确定各职位所要求的任职资格。

（三）招聘与录用

招聘与录用是指在企业总体发展战略规划的指导下，用人单位制订相应的职位空缺计划，并寻找合格员工的可能来源，吸引他们到本企业应征来填补这些职位空缺，并加以录用的过程。其主要活动：

一是招募。招募是企业以发现和吸引潜在员工为主要目的而采取的做法或活动。

二是甄选。甄选是对已经获得的可供任用的人选做出进一步的甄别、比较，从而确定本企业最后录用的人员。

三是录用人员的通知，试用合同的签订，人员的初始安排、试用、正式录用等。

（四）培训与开发

培训与开发是指组织为实现经营目标和员工个人发展目标而有计划地组织员工进行学习和训练，以改善员工工作态度、增长员工知识、提高员工技能、激发员工创造潜能的人力资源管理活动。通过培训与开发，保证员工能够按照预期标准或水平完成所承担或将要承担的工作或任务。其主要活动：一是进行培训与开发需求分析；二是制订培训与开发计划；三是组织实施培训与开发计划；四是进行培训与开发效果评估及反馈。

（五）绩效管理

绩效管理是指为了实现组织的发展战略目标，采用科学的办法，通过对员工个人或组织的综合素质、态度行为和工作业绩的全面监测分析与考核评定，不断激励员工提高综合素质，改善组织行为，充分调动员工的积极性、主动性和创造性，挖掘其潜力的活动过程。其主要活动：一是构建绩效计划与指标体系；二是对绩效管理的过程控制；三是绩效考核与评价；四是绩效反馈与面谈。五是绩效考核结果的应用。

（六）薪酬管理

薪酬管理是在组织经营战略和发展规划的指导下，综合考虑内外部各种因素的影响，确定自身的薪酬构成、薪酬水平、薪酬结构，并进行薪酬调整和薪酬控制的过程。其主要活动：一是确定薪酬水平、薪酬结构和薪酬形式；二是进行薪酬调整和薪酬控制。

（七）劳动关系管理

劳动关系管理是以促进企业经营活动的正常开展为前提，以缓和及调整企业劳动关系的冲突为基础，以实现企业劳动关系的合作为目的的一系列组织性和综合性的措施和手段。其主要活动：一是促进企业劳动关系合作；二是缓和及调整企业劳动关系冲突。

必须指出的是，人力资源管理各项职能间相互联系、相互影响，共同组成了一个有机的系统。在这个系统中，有两个职能尤为重要：一是工作岗位研究；二是绩效管理。工作岗位研究是整个人力资源管理职能体系的基础，它为人力资源管理的其他职能提供了支撑和保证；绩效管理是核心，人力资源管理的其他职能或多或少地都要和它发生联系。

第二章　人力资源规划与工作分析

第一节　人力资源规划概述

一、人力资源规划的概念

人力资源规划是指在依据企业的战略目标、明确企业现有的人力资源状况、科学地预测企业未来的人力资源供需状况的基础上，制定相应的政策和措施，以此来确保企业的人力资源不断适应企业经营和发展的需要，从而使企业和员工都能获得长远的利益。

要准确理解人力资源规划的概念，必须把握以下五个要点：

第一，人力资源规划是在企业发展战略和目标的基础上进行的。企业的战略目标是人力资源规划的基础，人力资源管理是企业管理系统中的一个子系统，要为企业发展提供人力资源支持，因此人力资源规划必须以企业的最高战略为坐标，否则人力资源规划将无从谈起。

第二，人力资源规划应充分考虑企业外部和内部环境的变化。一方面，企业外部的政治、经济、法律、技术、文化等一系列因素的变化导致企业外部环境总是处于动态的变化中，企业的战略目标可能会随之不断发生变化和调整，从而必然会引起企业内人力资源需求的变动。另一方面，在企业的发展过程中，不可避免地会出现员工的流出或工作岗位的变动，这可能会引起企业人力资源状况的内部变化。因此，需要对这些变化进行科学的分析和预测，使企业的人力资源管理处于主动地位，从而确保企业发展满足人力资源的需求。

第三，人力资源规划的前提是对现有人力资源状况进行盘点。进行人力资源规划，首先要立足于企业现有的人力资源状况，从员工数量、年龄结构、知识结构、素质水平、发展潜力和流动规律等几个方面，对现有的人力资源进行盘点，并运用科学的方法找出目前的人力资源状况与未来需要达到的人力资源状况之间的差距，从而为人力资源规划的制订奠定基础。

第四，人力资源规划的目标是制定人力资源政策和措施。例如，为了适应企业发展需要，要对内部人员进行调动补缺，就必须有晋升和降职、外部招聘和培训，以及奖惩等方面的切实可行的政策和措施来加以协调和保障，只有这样才能保证人力资源规划目标的实现。

第五，人力资源规划的最终目的是使企业和员工都获得长期的利益。企业的人力资源规划不仅要关注企业的战略目标，还要切实关心企业中每位员工在个人发展方面的需要，帮助员工在实现企业目标的同时实现个人目标。只有这样，企业才能留住人才，充分发挥员工的积极性和创造性，提高员工的工作绩效；只有这样，企业才能吸引、招聘到合格的人才，提高企业的竞争力，从而实现企业的战略目标。

通过人力资源规划，要解决下面几个基本问题：

第一，目标是什么？回答这一问题的目的，是在明确企业目标的基础上，衡量目标和现状之间的差异，其中最大的和最重要的差异就成为企业人力资源管理的目标。确定目标需要考虑有哪些条件需要改变，需要采取什么标准来衡量成功与否等。

第二，如何才能实现目标？为了缩小现实与目标之间的差距，需要花费资源从事人力资源管理活动，这也是人力资源管理工作的主要内容。人力资源规划就是要选择手段并把它们整合起来，建立一个体系。

第三，做得如何？在人力资源管理活动之后，需要考察企业是否已经达到了既定的目标。然后，再回到人力资源规划的第一个问题上，并重新制订新一轮的规划。

二、人力资源规划的作用

人力资源规划不仅在企业的人力资源管理活动中具有先导性和战略性，而且在实施企业总体规划中具有核心的地位。具体而言，人力资源规划的作用体现在以下五个方面：

（一）有利于企业制定战略目标和制订发展规划

一个企业在制定战略目标、发展规划以及选择决策方案时，要考虑自身资源，特别是人力资源的状况。人力资源规划是企业发展战略的重要组成部分，也是实现企业战略目标的重要保证。人力资源规划促使企业了解与分析目前企业内部人力资源余缺的情况，以及未来一定时期内的人员晋升、培训或对外招聘的可能性，有助于目标决策与战略规划。

（二）确保企业在发展过程中对人力资源的需求

企业内部和外部环境总是处在不断的发展变化中，这就要求企业对其人力资源的数量、质量和结构等方面不断进行调整，以保证工作对人的需要和人对工作的适应。企业如果不能事先对人力资源状况进行系统的分析，并采取有效措施，就会不可避免地受到人力资源问题的困扰。虽然较低技能的一般员工可以短时间内通过劳动力市场获得，但是对企业经营起决定性作用的技术人员和管理人员一旦出现短缺，则无法立即找到替代人员。因此，人力资源部门必须注意分析企业人力资源需求和供给之间的差距，制订各种规划，不断满足企业对人力资源多样化的需要。

（三）有利于企业人力资源管理工作的有序进行

人力资源规划作为一种计划功能，是人力资源管理的出发点，是任何一项人力资源管理工作得以成功实施的重要步骤。人力资源规划具有先导性和战略性，是企业人力资源管理活动的基础。它由总体规划和各种业务计划构成，可以在为实现企业目标进行规划的过程中，为人力资源管理活动，如人员的招聘、晋升、培训等提供可靠的信息和依据，从而保证人力资源管理活动的有序进行。

（四）控制企业的人工成本和提高人力资源的利用效率

在现代企业的成本中，最大的成本是人力资源成本，而人力资源成本在很大程度上取决于人员的数量和分布情况。在一个企业成立初期，低工资的人员较多，人力资源成本相对较低。随着企业规模的扩大，员工数量的增加，员工职位的升高，工资水平的上涨，人力资源成本有所增加。如果没有科学的人力资源规划，难免会出现人力资源成本上升，人力资源利用效率下降的情况。因此，人力资源规划可以通过有计划地调整人员数量和分布状况，把人工成本控制在合理的范围内，从而提高人力资源的利用效率。

（五）调动员工的积极性和创造性

人力资源规划不仅是面向组织的计划，也是面向员工的计划。许多企业面临着源源不断的员工跳槽，表面上看来是因为企业无法给员工提供优厚的待遇或者晋升渠道，其实是人力资源规划的空白或不足，因为并不是每个企业都能提供有诱惑力的薪金和福利来吸引人才，许多缺乏资金、处于发展初期的中小企业照样可以吸引到优秀人才并使其得到迅速成长。它们的成功之处不外乎立足企业自身情况，营造企业与员工共同成长的企业氛围。企业应在人力资源规划的基础上，引导员工进行职业生涯设计和发展，让员工清晰地了解自己未来的发展方向，看到自己的发展前景，从而去积极、努力争取，调动其工作积极性和创造性，共同实现企业的目标。

三、人力资源规划的分类

（一）按照规划的时间长短划分

人力资源规划按时间的长短可以分为长期人力资源规划、中期人力资源规划和短期人力资源规划。

（1）长期人力资源规划

长期人力资源规划的期限一般为 5 年以上，对应于企业的长期总体发展目标，是对企业人力资源开发与管理的总目标、总方针和总战略进行系统的谋划。其特点是具有战略性和指导性，没有十分具体的行动方案和措施，只是方向性的描述。

（2）中期人力资源规划

中期人力资源规划的期限一般在 1 年以上 5 年以下，对应于企业中长期发展目标，包括对未来发展趋势的判断和对发展的总体要求。其特点是方针、政策和措施的内容较多，比较明确，但没有短期人力资源规划那样具体。

（3）短期人力资源规划

短期人力资源规划是指 1 年或 1 年以内的规划，一般表现为年度、季度人力资源的规划。这类规划的特点是目的明确、内容具体，有明确的具体行动方案和措施，具有一定的灵活性。

这种划分期限的长短并不是绝对的。对于一些企业来说，长期人力资源规划、中期人力资源规划和短期人力资源规划的期限可能比前述的期限更长，而对于另一些企业来说期限可能会更短。这取决于企业所在行业性质和企业生命周期等因素。

（二）按照规划的范围划分

人力资源规划按照范围的大小可以划分为人力资源整体规划、人力资源部门规划和人力资源项目规划。

（1）人力资源整体规划

人力资源整体规划关系到整个企业的人力资源管理活动，是属于企业层面的，在人力资源规划中居于首要地位。

（2）人力资源部门规划

人力资源部门规划是指企业各个业务部门的人力资源规划。部门规划是在整体规划的基础上制订的，内容专一性强，是整体规划的子规划。

（3）人力资源项目规划

人力资源项目规划是指某项具体任务的计划。它是指对人力资源管理特定课题的计划，如项目经理培训计划。项目规划与部门规划不同，部门规划只是单个部门的业务，而项目规划是为某种特定的任务而制订的。

（三）按照规划的性质划分

人力资源规划按照性质的不同可以划分为战略性人力资源规划和战术性人力资源规划。

（1）战略性人力资源规划

战略性人力资源规划着重于总的、概括性的战略与方针、政策与原则，具有全局性和长远性，通常是人力资源战略的表现形式。

（2）战术性人力资源规划

战术性人力资源规划一般指具体的、短期的、有专业针对性的业务规划。战术性人力资源规划具有内容具体、要求明确、措施落实和容易操作等特点。

四、人力资源规划的内容

（一）人力资源总体规划

人力资源总体规划是对计划期内人力资源规划结果的总体描述，包括预测的需求和供给分别是多少，做出这些预测的依据是什么，供给和需求的比较结果是什么，企业平衡需求与供给的指导原则和总体政策是什么，等等。人力资源总体规划具体包括三个方面的内容，分别是人力资源数量规划、人力资源素质规划和人力资源结构规划。

1.人力资源数量规划

人力资源数量规划是指依据企业业务模式、业务流程、组织结构等因素来确定未来企业各部门人力资源编制以及各类职位人员配比关系，并在此基础上制订企业未来人力资源的需求计划与供给计划。人力资源数量规划主要解决企业人力资源配置标准的问题，它为企业未来的人力资源配置提供了依据和指明了方向。

2.人力资源素质规划

人力资源素质规划是依据企业战略、业务模式、业务流程和企业对员工的行为要求，设计各类人员的任职资格。人力资源素质规划是企业选人、育人、用人和留人活动的基础和前提，包括企业人员的基本素质要求、人员基本素质提升计划以及关键人才招聘、培养和激励计划等。

3.人力资源结构规划

人力资源结构规划是指依据行业特点、企业规模、战略重点发展的业务及业务模式，对企业人力资源进行分层分类、设计和定义企业职位种类与职位责权界限的综合计划。通过人力资源结构规划，理顺各层次、各种类职位上人员在企业发展中的地位、作用和相互关系。

人力资源数量规划和人力资源结构规划以及人力资源素质规划是同时进行的，数量规划和素质规划都是在依据结构规划所确定的结构基础之上进行的，因此人力资源结构规划是关键。

（二）人力资源业务规划

人力资源业务规划包括人员配备计划、人员补充计划、人员使用计划、培训开发计划、薪酬激励计划、劳动关系计划和退休解聘计划等。

1.人员配备计划

人员配备计划是指根据企业发展规划，结合企业人力资源盘点报告，来制订人员的配备计划。在企业中，每一个职位、每一个部门的人力资源需求都存在一个适合的规模，并且这个规模会随着企业外部环境和内部条件的变化而改变。人员配备计划就是为了确定在一定的时期内与职位、部门相适合的人员规模和人员结构。

2.人员补充计划

人员补充计划，即拟定人员补充政策，目的是使企业能够合理地、有目标地填补企业中可能产生的空缺。在企业中，常常会由于各种原因出现空缺或新职位。例如，企业规模扩大，进入新的产品领域，员工的晋升、离职、退休等情况都会产生新职位或空缺职位。为了保证企业出现的空缺职位和新职位得到及时而又经济的补充，企业就需要制订人员补充计划。

3.人员使用计划

人员使用计划包括人员晋升计划和人员轮换计划。晋升计划实质上是企业内部晋升政策的一种表达方式，根据企业的人员分布状况和层级结构，拟定人员晋升政策。对企业来说，有计划地提拔有能力的人员，不仅是人力资源规划的重要职能，更重要的是体现了对员工的激励。晋升计划一般由晋升比率、平均年资、晋升时间等指标来表达。

4.培训开发计划

培训开发计划是为了满足企业的可持续发展，在对企业需要的知识和技能进行评估的基础上，有目的、有计划地对不同人员进行的培养和开发。企业实施培训开发计划，一方面可以使员工更好地胜任工作；另一方面也有助于企业吸引和留住人才。

5.薪酬激励计划

对企业来说，制订薪酬激励计划，一方面是为了保证企业的人力资源成本与经营状况保持适当的比例关系；另一方面是为了充分发挥薪酬的激励作用。企业通过薪酬激励计划可以在预测企业发展的基础上，对未来的薪资总额进行预测，并设计未来的人力资源政策，如激励对象、激励方式的选择等，以此来调动员工的积极性。薪酬激励计划一般包括薪资结构、薪资水平和薪资策略等。

6.劳动关系计划

劳动关系计划是关于减少和预防劳动争议、改善企业和员工关系的重要人力资源业务计划。劳动关系计划在增强员工的满意度、降低人员流动率、减少企业的法律纠纷、维护企业的社会形象、保障社会的稳定等方面发挥着越来越不可估量的作用。

7.退休解聘计划

退休解聘计划是企业对员工的淘汰退出机制，虽然现代企业已不再是终身雇佣制，但有的企业依然存在大量冗余人员。出现这种现象，是因为企业只设计了向上晋升的通道，未设计向下退出的通道，退休解聘计划就是设计向下退出的通道。晋升计划和退休解聘计划使企业的员工能上能下，能出能进，保证了企业人力资源的可持续健康发展。

人力资源业务计划是人力资源总体规划的展开和具体化，它们分别从不同的角度保证了人力资源工作规划目标的实现。各项人力资源业务计划是相辅相成的，在制订人力资源业务计划时，应当注意各项业务计划之间要相互配合。例如，培训计划、使用计划和薪酬计划之间需要相互配合。当某些员工通过培训提高了工作能力，但企业在员工使用和薪酬制度方面没有相应的配套，就可能挫伤员工接受培训的积极性，甚至可能导致培训后的员工流失。

五、人力资源规划的程序

人力资源规划的制订是一个复杂的过程，涉及的内容比较多、人员范围比较广，需要多方面的支持与协作。因此，规范和科学的人力资源规划程序是提高企业人力资源规划质量的制度保证。人力资源规划的过程一般分为五个阶段，即准备阶段、预测阶段、制订阶段、执行阶段和评估阶段，下面结合这五个阶段对人力资源规划的整个过程进行简要的说明：

（一）准备阶段

做好每一项规划，都必须充分收集相关信息，人力资源规划也不例外。由于影响企业人力资源供给与需求的因素有很多，为了能够比较准确地做出预测，就需要收集有关的各种信息，这些信息主要包括以下三方面内容：

1.外部环境的信息

外部环境对人力资源规划的影响主要有两个方面：一方面，企业面对的大环境对人力资源规划的影响，如社会的政治、经济、文化、法律、人口、交通状况等；另一方面，劳动力市场的供求状况、人们的择业偏好、企业所在地区的平均工资水平、政府的职业培训政策、国家的教育政策以及竞争对手的人力资源管理政策等，这类企业外部的小环境同样对人力资源规划产生一定的影响。

2.内部环境的信息

内部环境的信息对人力资源规划的影响包括两个方面：一是组织环境的信息，如企业的发展规划、经营战略、生产技术以及产品结构等；二是管理环境的信息，如公司的组织结构、企业文化、管理风格、管理体系以及人力资源管理政策等，这些因素都直接决定着企业人力资源的供给与需求。

3.现有人力资源的信息

制订人力资源规划，要立足于人力资源现状，只有及时准确地掌握企业现有人力资源的状况，人力资源规划才有意义。因此，需要借助人力资源信息管理系统，以便能够及时和准确地提供企业现有人力资源的相关信息。盘点现有的人力资源信息主要包括：①个人自然情况。②录用资料。③教育和培训资料。④工资资料。⑤工作执行评价。⑥工作经历。⑦服务与离职资料。⑧工作态度调查。⑨安全与事故资料。⑩工作环境资料，以及工作与职务的历史资料等。

（二）预测阶段

人力资源预测阶段分为人力资源需求预测和人力资源供给预测。这个阶段的主要任务是在充分掌握信息的基础上，选择有效的人力资源需求预测与供给预测的方法，分析与判断不同类型的人力资源供给与需求状况。在整个人力资源规划中，预测阶段是最关键也是难度最大的一部分，直接决定了人力资源规划的成败，只有准确地预测出供给与需求，才能采取有效的平衡措施。

1.人力资源需求预测

人力资源需求预测主要是根据企业的发展战略和本企业的内外部条件选择预测技术，然后对人力资源的数量、质量和结构进行预测。在预测过程中，预测者及其管理判断能力与预测的准确与否关系重大。一般来说，商业因素是影响员工需要类型、数量的重要变量，预测者通过分析这些因素，并且收集历史资料以此作为预测的基础。从逻辑上讲，人力资源需求是产量、销量、税收等的函数，但对不同的企业或组织，每一个因素的影响并不相同。

2.人力资源供给预测

人力资源供给预测也称为人员拥有量预测，只有进行人员拥有量预测并把它与人员需求量相对比之后，才能制订各种具体的规划。人力资源供给预测包括两部分：一部分是内部拥有量预测，即根据现有人力资源及其未来变动情况，预测出规划各时间点上的人员拥有量；另一部分是对外部人力资源供给量进行预测，确定在规划各时间点上的各类人员的可供量。

（三）制订阶段

在收集相关信息和分析了人力资源供需的基础上，就可以制订人力资源规划了。人力资源规划的制订阶段是人力资源规划整个过程的实质性阶段，包括确定人力资源目标和人力资源规划内容两个方面。

1.人力资源目标的确定

人力资源目标是企业经营发展战略的重要组成部分，并支撑企业的长期规划和经营计划。人力资源目标以企业的长期规划和经营规划为基础，从全局和长期的角度来考虑企业在人力资源方面的发展和要求，为企业的持续发展提供人力资源保证。人力资源目标应该是多方面的，涉及人力资源管理各项活动，人力资源目标应该满足"SMART"原则：①目标必须是具体的（Specific）。②目标必须是可以衡量的（Measurable）。③目标必须是可以达到的（Attainable）。④目标必须和其他目标具有相关性（Relevant）。⑤目标必须具有明确的截止期限（Time-based）。

2.人力资源规划内容的制订

人力资源规划内容的制订，包括制订人力资源总体规划和人力资源业务规划。关于人力资源总体规划和人力资源业务规划前文已经有所陈述，在制订人力资源业务规划内容时，应该注意两个问题：

第一，内容应该具体明确，具有可操作性。例如，一项人员补充计划应该包括，根据企业的发展战略需要引进人才的数量和质量，引进人才的时间和需要增加的预算，其他相关问题等。

第二，业务性人力资源规划涉及人力资源管理的各个方面，如人员补充计划、人员使用计划、人员培训计划等，由于这些计划是相互影响的，在制订时要充分考虑各项计划的综合平衡问题。例如，人员培训计划会使员工的素质通过培训得到提高，工作绩效有所改善，但如果其报酬没有改变，就会使员工觉得培训是浪费时间，从而挫伤其参加培训的积极性。制订人员培训计划时应同时考虑人员使用计划和薪酬激励计划之间的协调，因此，各项人力资源业务计划应该相互协调，避免出现不一致甚至冲突。

（四）执行阶段

制订人力资源规划并不是企业的最终目的，最终目的是执行人力资源规划。人力资源规划的执行是企业人力资源规划的一项重要工作，人力资源规划执行得是否到位，决定整个人力资源规划成功与否。人力资源规划一经制订出来，就要付诸实施。在人力资源规划的实施阶段，需要注意两个方面的问题：一方面，确保由具体的人员来负责既定目标的达到，同时还要确保实施人力资源规划方案的人拥有达到这些目标所必需的权力和资源；另一方面，还需要重视的是，定期得到关于人力资源规划执行情况的进展报告，以保证所有的方案都能够在既定的时间内执行到位，以及在这些方案执行的早期所产生的一些收益与预测的情况是一致的，保证方案的执行是按当初制订的各项人力资源规划进行的。

（五）评估阶段

对人力资源规划实施的效果进行评估，是整个人力资源规划过程的最后一步。由于预测不可能做到完全准确，因此人力资源规划也不是一成不变的，它是一个开放的动态系统。人力资源规划的评估包括两层含义：一是在实施的过程中，要随时根据内外部环境的变化来修正供给与需求的预测结果，并对平衡供需的措施做出调整；二是要对预测的结果以及制定的措施进行评估，对预测的准确性和措施的有效性做出衡量，找出其中存在的问题以及有益的经验，为以后的规划制订提供借鉴和帮助。

人力资源规划进行评估应注意以下问题：

第一，预测所依据信息的质量、广泛性、详尽性、可靠性。

第二，预测所选择的主要因素的影响与人力资源需求的相关度。

第三，人力资源规划者熟悉人事问题的程度以及对它们的重视程度。

第四，人力资源规划者与提供数据和使用人力资源规划的人事、财务部门以及各业务部门经理之间的工作关系。

第五，在有关部门之间信息交流的难易程度。

第六，决策者对人力资源规划中提出的预测结果、行动方案和建议的利用程度。

第七，人力资源规划在决策者心目中的价值。

第八，人力资源各项业务规划实施的可行性。

第二节　人力资源的供需预测

一、人力资源需求预测

人力资源需求预测就是为了实现企业的战略目标，根据企业所处的外部环境和内部条件，选择适当的预测技术，对未来一定时期内企业所需人力资源的数量、质量和结构进行预测。在对人力资源需求进行预测之前，先要确定岗位将来是否确实有必要存在，该岗位的定员数量是否合理，现有工作人员是否具备该岗位所要求的条件，未来的生产任务、生产能力是否可能发生变化等。

（一）影响企业人力资源需求的因素

企业对人力资源的需求受到诸多因素的影响，归结起来主要分为两类：企业内部因素和企业外部环境。

1.企业内部因素

（1）企业规模的变化

企业规模的变化主要来自两个方面：一是在原有的业务范围内扩大或压缩规模；二是增加新的业务或放弃旧的业务。这两个方面的变化都会对人力资源需求的数量和结构产生影响。企业规模扩大，则需要的人力就会增加，新的业务更需要掌握新技能的人员；企业规模缩小，则需要的人力也将减少，于是就会出现裁员、员工失业的情况。

（2）企业经营方向的变化

企业经营方向的调整，有时并不一定导致企业规模的变化，但对人力资源的需求会发生改变。比如，军工产业转为生产民用产品，就必须增加市场销售人员，否则将无法适应多变的民用市场。

（3）技术、设备条件的变化

企业生产技术水平的提高、设备的更新，一方面，会使企业所需人员的数量减少；另一方面，对人员的知识、技能的要求会随之提高，也就是对所需人员的质量要求要提高。

（4）管理手段的变化

如果企业采用先进的管理手段，会使企业的生产率和管理效率提高，从而导致企业人力资源需求的变化。比如，企业如果使用计算机信息系统来管理企业的数据库，那么企业的工作流程必定会被简化，人力资源的需求也会随之减少。

（5）人力资源自身状况

企业人力资源的状况对人力资源需求也存在重要的影响。例如，人员流动比率的大小会直接影响企业对人力资源的需求。人员流动比率反映了企业中由于辞职、解聘、退休及合同期满而终止合同等原因引起的职位空缺规模。此外，企业人员的劳动生产率、工作积极性、人才的培训开发等也会影响企业对人力资源的需求。

2.企业外部环境

企业的外部环境对企业人力资源需求的影响，多是通过企业内部因素起作用的。影响企业人力资源需求的外部环境主要包括经济、政治、法律、技术和竞争对手、顾客需求等。例如，经济的周期性波动会引起企业战略或规模的变化，进而引起人力资源需求的变化；竞争对手之间的人才竞争，会直接导致企业人才的流失；顾客的需求偏好发生改变，会引起企业经营方向的改变，进而也会引起人力资源需求的变动。

（二）人力资源需求预测的方法

人力资源需求预测的方法包括定性预测法和定量预测法两类。

1.定性预测法

（1）管理人员经验预测法

管理人员经验预测法是凭借企业的管理者所拥有的丰富经验甚至是个人的直觉，来预测企业未来的人力资源需求。例如，根据前期工作任务的完成情况，结合下一期的任务量，管理人员就可以预测未来的人员需求。它是一种比较简单的方法，完全依靠管理者的经验和个人能力，弊端是预测结果的准确性不能得到保证，通常用于短期预测。同时，当企业所处的环境较稳定、组织规模较小时，单独使用此方法，可以迅速得出预测结论，获得满意的效果；在企业所处环境复杂、组织规模较大的情况下，往往需要与其他预测方法结合使用。

（2）分合预测法

分合预测法是一种较为常用的人力资源需求的预测方法，包括自上而下、自下而上两种方式：第一，自上而下方式，是由企业的高层管理者先初步拟定组织的总体用人目标和计划，然后逐级下达到各部门和单位，在各个部门和单位内进行讨论和修改后，再将各自修改之后的意见逐级汇总后反馈到企业高层，高层管理者据此对总体计划做出修正，最后公布正式的用人计划。第二，自下而上的方式，是企业的高层管理者首先要求各个部门和单位根据各自的工作任务、技术设备的状况等，对本部门将来对各种人员的需求进行预测，然后在此基础上对各部门和单位提供的预测数进行综合平衡，从中预测出整个组织将来一定时期内的人员需求状况。

分合预测法能够使企业各层管理者参与人力资源规划的制订，根据本部门的实际情况确定较为合理的人力资源规划，调动他们的积极性。但是，这种方法由于受企业各层管理者的知识、经验、能力、心理成熟度的限制，长期的人员需求预测不是很准确。因此，分合预测法是一种中短期的人力资源需求预测的方法。

（3）德尔菲法

德尔菲法又称专家预测法。德尔菲法在创立之初被专门用于技术预测，后来才逐渐扩展到了其他领域，成了一种专家对影响组织发展的某一问题的看法达成一致意见的结构化方法。德尔菲法的特征体现在几个方面：

第一，吸引专家参与预测，充分利用专家的经验和学识。

第二，采用匿名或背靠背的方式，使每一位专家独立、自由地做出自己的判断。

第三，预测过程多次反馈，使专家的意见逐渐趋同。

德尔菲法用于企业人力资源需求预测的具体操作步骤如下：

第一，确定预测的目标，由主持预测的人力资源管理部门确定关键的预测方向、相关变量和难点，列举出必须回答的有关人力资源预测的具体问题。

第二，挑选各个方面的专家，每位专家都要拥有人力资源预测方面的某种知识或专长。

第三，人力资源部门向专家们发出问卷和相关材料，使他们在背靠背、互不通气的情况下，独立发表看法。

第四，人力资源部门将专家的意见集中、归纳，并将归纳的结果反馈给他们。

第五，专家们根据归纳的结果进行重新思考，修改自己的看法。

第六，重复进行第四步和第五步，直到专家们的意见趋于一致，通常这一过程需要进行 3～4 轮。

2.定量预测法

（1）趋势分析法

趋势分析法是利用组织的历史资料，根据某个因素的变化趋势预测相应的人力资源需求。这种方法有两个假定前提：第一，假定企业的生产技术构成基本不变，这样单位产品的人工成本才大致保持不变，并以产品数量的增减为根据来推测人员需求数量。第二，假定市场需求基本不变，在市场需求变化不大的情况下，人员数量与其他变量如产量的关系才容易分析出来。

趋势分析法的操作步骤如下：

第一，选择相关变量。确定一种与劳动力数量和结构的相关性最强的因素为相关变量，通常选择销售额或生产率等。

第二，分析相关变量与人力资源需求的关系。分析此因素与所需员工数量的比率，形成一种劳动率指标。

第三，计算生产率指标。根据以往 5 年或 5 年以上的生产率指标，求出均值。

第四，计算所需人数。用相关变量除以劳动生产率得出所需人数。

（2）转换比率分析法

转换比率分析法是根据过去的经验，把企业未来的业务量转化为人力资源需求量的预测方法。

转换比率分析法的操作步骤如下：

第一，确定企业未来的业务量，根据以往的经验估计与企业的业务规模相适应的关键技能员工的数量。

第二，根据关键技能员工的数量估计辅助人员的数量。

第三，加总得出企业人力资源总需求量。

使用转换比率法将企业的业务量转换为人力资源需求量时，通常要以企业已有的人力资源的数量与某个影响因素之间的相互关系为依据，来对人力资源的需求进行预测。

以一所医院为例，当医院的病床数量增加一定的百分比时，护士的数量也要增加相应的百分比，否则难以保证医院的医疗服务质量。类似的还有，根据过去的销售额和销售人员数量之间的比例关系，预测未来的销售业务量对销售人员的需求量。

（3）回归分析法

由于人力资源的需求受到某些因素的影响，回归预测法的基本思路就是要找出与人力资源需求关系密切的因素，并依据过去的相关资料确定出它们之间的数量关系，建立一个回归方程，然后再根据这些因素的变化以及确定的回归方程来预测未来的人力资源需求。使用回归预测法的关键是要找出与人力资源需求高度相关的变量，才能建立起回归方程预测。

根据回归方程中变量的数目，可以将回归预测分为一元回归预测和多元回归预测两种。一元回归由于涉及一个变量，建立回归方程时相对比较简单；而多元回归由于涉及的变量较多，因此建立方程时要复杂得多，但是它考虑的因素比较全面，预测的准确度往往要高于前者。由于曲线关系的回归方程建立起来比较复杂，为了方便操作，在实践中经常采用线性回归方程来进行预测。

二、人力资源供给预测

人力资源供给预测也称人员拥有量预测，是预测在某一未来时期内企业内部所能供应的或经培训可能补充的，以及外部劳动力市场所提供的一定数量、质量和结构的人员，以满足企业为实现目标而产生的人员需求。

人力资源供给预测与人力资源需求预测存在重要的差别：人力资源需求预测只研究企业内部对人力资源的需求，而人力资源供给预测必须同时考虑企业内部供给和外部供给两个方面。对人力资源的需求做出了预测之后，就要对企业的人力资源可得性进行确认。

（一）企业内部人力资源供给

企业内部人力资源供给预测主要分析计划期内将有多少员工留在目前的岗位上，将有多少员工流动到其他的岗位上，又有多少员工将会流出组织。

1.影响企业内部人力资源供给的因素

（1）现有人力资源的运用情况

企业现有人力资源的运用情况包括员工的工作负荷饱满程度、员工出勤状况、工时利用状况，以及部门之间的分工是否平衡等。例如，员工的缺勤情况严重而不能有效改善，就会影响企业内部人力资源的供给。

（2）企业人员流动状况

在收集和分析有关内部劳动力供应数据时，企业内部人员流动率将对劳动力供给产生很大影响。这些人员流动率的数据包括晋升率、降职率、轮岗率、离职率，企业人员的流动率可以根据历史数据与人力资源管理经验来预测，通过分析规划期内可能流出和流入的人数与相应类型及企业内部劳动力市场的变动情况，判断未来某个时点或时期内部可提供的人力资源数量。

（3）员工的培训与开发状况

根据企业的经营战略，针对企业未来可能需要的不同技能类型的员工提供有效的员工培训与开发，可以改善企业目前的人力资源状况，使企业人力资源的质量、结构更能适应企业未来发展的需要。从人力资源满足企业发展的有效性来看，通过减少企业冗余的人力资源可以增加人力资源的内部供给。

2.内部人力资源供给预测的方法

（1）人员接替法

人员接替法就是对组织现有人员的状况做出评价，然后对他们晋升或者调动的可能性做出判断，以此来预测组织潜在的内部供给，这样当某一职位出现空缺时，就可以及时地进行补充。在置换图中，要标出职位名称，现任员工姓名、年龄、业绩评价、职位晋升或转移的可能性。

人员接替法的操作步骤如下：第一，确定人员接替计划包括的岗位范围。第二，确定各个岗位上的接替人选。第三，评价接替人选当前的工作绩效和晋升潜力。第四，了解接替人选本人的职业发展需要，并引导其将个人目标与组织目标结合起来。

（2）人力资源"水池"模型

"水池"模型是在预测组织内部人员流动的基础上来预测人力资源的内部供给。它与人员接替法有些类似，不同的是人员接替法是从员工出发来进行分析，而且预测的是一种潜在的供给。"水池"模型则是从职位出发进行分析，预测的是未来某一时间内现实的供给，并且涉及的面更广。这种方法一般要针对具体的部门、职位层次或职位类别来进行，由于它要在现有人员的基础上通过计算流入量和流出量来预测未来的供给，这就好比是计算一个水池未来的蓄水量，因此称为"水池"模型。

人力资源"水池"模型的操作步骤如下：

第一，明确每个职位层次对员工的要求和需要的员工人数。

第二，确定达到职位要求的候选人，或者经过培训后能胜任职位的人。

第三，把各职位的候选人情况与企业员工的流动情况综合起来考虑，控制好员工流动方式与不同职位人员接替方式之间的关系，对企业人力资源进行动态管理。

对企业中各职位层次员工的供给预测，可以使用以下公式：

未来内部供给量=现有员工数量+流入总量-流出总量

对每一层次的职位来说，人员流入的原因有平行调入、上级职位降职和下级职位晋升；流出的原因有向上级职位晋升、向下级职位降职、平行调出、离职和退休。对所有层次分析完之后，将它们合并在一张图中，就可以得出组织未来各个层次职位的内部供给量以及总的供给量。

（3）马尔科夫转换矩阵法

马尔科夫转换矩阵法是一种运用统计学原理预测组织内部人力资源供给的方法。马尔科夫转换矩阵法的基本思想是找出过去人员流动的规律，以此推测未来的人员流动趋势，其基本假设是过去内部人员流动的模式和概率与未来大致相同。运用这种方法预测人员供给时，首先需要建立人员变动矩阵表，它主要是指某个人在某段时间内，由一个职位调到另一个职位（或离职）的概率，马尔科夫转换矩阵可以清楚地分析企业现有人员的流动（如晋升、调换岗位和离职）情况。

（二）企业外部人力资源供给

当企业内部的人力资源供给无法满足需要时，企业就需要从外部获取人力资源。企业外部人力资源供给预测，主要是预测未来一定时期内，外部劳动力市场上企业所需人力资源的供给情况。企业外部人力资源供给依赖于劳动力市场的状况，其影响因素主要考虑以下几个方面：

1.影响企业外部人力资源供给的因素

（1）宏观经济形势

劳动力市场的供给状况与宏观经济形势息息相关。宏观经济形势越好，失业率越低，劳动力供给就越紧张，企业招募也就越困难；反之，亦然。

（2）全国或本地区的人口状况

影响人力资源供给的人口状况包括：第一，人口总量和人力资源率，人口总量越大、人力资源率越高，人力资源的供给就越充足。第二，人力资源的总体构成，是指人力资源在性别、年龄、教育、技能、经验等方面的构成，它决定了在不同层次和类别上可以提供的人力资源数量和质量。

（3）劳动力市场化程度

劳动力市场化程度越高，越有利于劳动力自由进入市场，以及市场工资率导向的劳动力合理流动，从而消除人为因素对劳动力流动的限制，增强人力资源供给预测的客观性和准确性。

（4）政府的政策和法规

政府的政策和法规是影响外部人力资源供给的一个不可忽视的因素，如关于公平就业机会的法规、保护残疾人就业的法规、严禁童工就业的法规、教育制度变革等。

（5）地域特点

公司所在地或公司本身对人们的吸引力，也是影响人力资源供给的重要因素。

2.外部人力资源供给预测的方法

（1）文献法

文献法是指根据国家的统计数据或有关权威机构的统计资料进行分析的方法。企业可以通过国家和地区的统计部门、劳动人事部门出版的年鉴、发布的报告，以及利用互联网来获得这些数据或资料。同时，企业还应及时关注国家和地区的有关法律、政策的变化情况。

（2）市场调查法

企业可以就自身所关注的人力资源状况直接进行调查。企业可以与猎头公司、人才中介公司等专门机构建立长期的联系，还可以与相关院校建立合作关系，跟踪目标生源的情况等。

（3）对应聘人员进行分析

企业可以通过对应聘人员和已雇用的人员进行分析得到未来外部人力资源供给的相关信息。

三、人力资源供需平衡

当企业人力资源需求与人力资源供给相等时，称为人力资源供需平衡；当企业人力资源需求与人力资源供给不相等时，称为人力资源供需不平衡。人力资源供需不平衡存在三种情况：当人力资源供大于求时，出现预期人力资源过剩的情况；当人力资源供小于求时，出现预期人力资源短缺的情况；当人力资源供需数量平衡时，就会出现结构不平衡的情况。人力资源供需之间这三种不平衡的情况，都会给企业带来相应的问题。例如，当人力资源供大于求时，会导致企业内人浮于事，内耗严重，生产成本上升而工作效率下降；当人力资源供小于求时，企业设备闲置，固定资产利用率低。

这些问题都会影响企业战略目标的实现，削弱企业的竞争优势，最终影响企业的持续发展。人力资源供需平衡就是根据人力资源供需之间可能出现的缺口，采取相应的人力资源政策措施，实现企业未来的人力资源供需之间的平衡。

（一）预期人力资源短缺时的政策

1.外部招聘

外部招聘是最常用的对人力资源缺乏进行调整的方法。当人力资源总量缺乏时，采用这种方法比较有效。根据企业的具体情况，面向社会招聘所需人员，如果企业需求是长期的，一般招聘的是一些全职员工；如果需求是暂时的，就可以招聘一些兼职员工和临时员工，以补充企业人力资源出现的短缺。

2.延长工作时间

在符合国家劳动法律法规的前提下，延长员工的工作时间，让员工加班加点，并支付相应的报酬，以应对人力资源的短期不足。延长工作时间可有效地节约福利开支，降低招聘成本，并能保证工作质量。但是延长工作时间只是补充短期的人力资源不足，而不能长期使用此政策，如果长期使用会导致员工因过度劳累而增加员工的工作压力和疲劳程度，从而会降低工作效率。

3.培训后转岗

对企业现有员工进行必要的技能培训，使之不仅能适应当前的工作，还能进行转岗或适应更高层次的工作，这样能够将企业现有的人力资源充分利用起来，以补充人力资源的不足；此外，如果企业即将出现经营转型，为员工培训新的工作知识和工作技能，以便在企业转型后保证原有的员工能够胜任新的岗位。

4.业务外包

根据企业自身情况，将较大范围的工作或业务承包给外部的组织去完成。通过外包，组织可以将任务交给那些更有比较优势的外部代理人去做，从而提高工作效率，降低成本，减少组织内部对人力资源的需求。

5.技术创新

企业可以通过改进生产技术、增添新设备、调整工作方式等方式，以提高劳动生产率，比如企业引进机器人参与生产流水线工作，可以大大降低对人力资源的需求；再比如企业使用计算机信息系统来管理企业的数据库，必定会简化企业的工作流程，人力资源的需求也会随之减少。

（二）预期人力资源过剩时的政策

1.提前退休

企业可以适当地放宽退休的年龄和条件限制，促使更多的员工提前退休。如果将退休的条件修改得足够有吸引力，会有更多的员工愿意接受提前退休。提前退休虽然能使企业较容易地减少员工，但企业也会由此背上比较重的包袱。而且，退休也可能会受到政府政策法规的限制。

2.自然减员

自然减员指的是当出现员工退休、离职等情况时，对空闲的岗位不进行人员补充而达到自然减少员工的目的。这样做可以通过缓和的气氛减少企业内部的人员供给，从而实现人力资源供求平衡。

3.临时解雇

临时解雇指的是企业的一部分员工暂时停止或离开工作岗位，并且在这段时间内企业不再向这部分员工支付工资的行为。当企业的经营状况得到改善后，被临时解雇的员工再重新回到企业工作。当企业所处的行业经济态势遭受周期性的下滑时，临时解雇是一种合理的缩减人员规模的策略。

4.裁员

裁员是一种最无奈，但最有效的方式。一般裁减那些主动希望离职的员工和工作考核绩效低下的员工。但是，要注意的是，即使在西方市场经济国家，采取这种方法也是十分谨慎的，因为它不仅涉及员工本人及其家庭的利益，而且也会对整个社会产生影响。在进行裁员时，企业除了要遵守劳动法律法规对企业裁员的规定外，还要做好被裁员工离职后的安抚工作。

5.工作分担

工作分担指的是由两个人分担一份工作，如一个员工周一至周三工作，另一个员工周四至周五工作。这种情况一般是由于企业临时性的经营状况不佳，在不裁员的情况下实行工作分担制，待企业经营状况好转时，再恢复正常的工作时间。

6.重新培训

当企业人力资源过剩时，企业组织员工进行重新培训，可以避免员工因为没有工作做而无所事事，待企业经营状况好转或经营方向转变时，能够有充分的人力资源可以利用。

预期人力资源过剩时的政策在实际的使用过程中，其解决问题的程度和员工受到伤害的程度也不一样。例如，裁员比自然减员解决问题的速度要快得多，但对于员工来说，裁员带来的经济和心理方面的损害要比自然减员严重得多。

（三）预期人力资源总量平衡而结构不平衡时的政策

人力资源总量平衡而结构不平衡是指预测的未来一定时期内企业人力资源的总需求量与总供给量基本吻合，但是存在着某些职位的人员过剩而另一些职位的人员短缺，或者某些技能的人员过剩而另一些技能的人员短缺等情况。对于这种形式的人力资源供求失衡，企业可以考虑采用以下政策和措施进行调节：

第一，通过企业人员的内部流动，如晋升和调任，以补充那些空缺职位，满足这部分人力资源的需求。

第二，对于过剩的普通人力资源，进行有针对性的培训，提高他们的工作技能，使他们转变为企业人员短缺岗位上的人才，从而被补充到空缺的岗位上去。

第三，招聘和裁员并举，补充企业急需的人力资源，释放一些过剩的人力资源。

第三节　人力资源规划的执行与控制

一、人力资源规划的执行

在人力资源规划过程中，制定的各项政策和方案，最终都要付诸实施，以此来指导企业具体的人力资源管理实践，这才是完整的人力资源规划职能。

（一）规划任务的落实

人力资源规划的实施取决于企业全体部门和员工参与的积极性。因此，规划目标和方案的分解与细化，可以让每个部门和员工明确自己在规划运行过程中的地位、任务和责任，从而争取得到每个部门和员工的支持而使规划顺利实施。

1.分解人力资源规划的阶段性任务

企业通过设定中长期目标，使人力资源规划目标具体到每一阶段、每一年应该完成的任务，并且必须定期形成执行过程进展情况报告，以确保所有的方案都能够在既定的时间内执行到位，也使规划容易实现，有利于规划在实施过程中的监督、控制和检查。

2.将人力资源规划任务分解到责任人

人力资源规划的各项任务必须由具体的人来实施，使每一个部门和员工都能够了解本部门在人力资源规划中所处的地位、所承担的角色，从而积极主动地配合人力资源管理部门。现代人力资源管理工作不仅仅是人力资源管理部门的任务，更是各部门经理的责任，人力资源规划也是如此。人力资源规划应由具体的部门或团队负责，可以考虑以下几种方式：

第一，由人力资源部门负责办理，其他部门与之配合。

第二，由某个具有部分人事职能的部门与人力资源部门协同负责。

第三，由各部门选出代表组成跨职能团队负责。

在人力资源规划执行过程中，各部门必须通力合作而不是仅靠负责规划的部门推动，人力资源规划同样也是各级管理者的责任。

（二）资源的优化配置

人力资源规划的顺利实施，必须确保组织人员（培训人员和被培训人员）、财力（培训费用、培训人员脱岗培训时对生产的影响）、物力（培训设备、培训场地）发挥最大效益，这就必须对不同的人力资源进行合理配置，从而促进资源的开发利用，并通过规划的实施使资源能够优化配置，提高资源的使用效率。

二、人力资源规划实施的控制

为了能够及时应对人力资源规划在实施过程中出现的问题，确保人力资源规划能够正确实施，有效地避免潜在劳动力短缺或劳动力过剩，需要有序地按照规划的实施控制进程。

（一）确定控制目标

为了能对规划实施过程进行有效控制，首先需要确定控制的目标。设定控制目标时要注意：控制目标既能反映企业总体发展战略目标，又能与人力资源规划目标对接，反映企业人力资源规划实施的实际效果。在确定人力资源规划控制目标时，应该注意控制一个体系，通常由总目标、分目标和具体目标组成。

（二）制定控制标准

控制标准是一个完整的体系，包含定性控制标准和定量控制标准两种。定性控制标准必须与规划目标相一致，能够进行总体评价，如人力资源的工作条件、生活待遇、培训机会、对组织战略发展的支持程度等；定量控制标准应该能够计量和比较，如人力资源的发展规模、结构、速度等。

（三）建立控制体系

有效地实施人力资源规划控制，必须有一个完整、可以及时反馈、准确评价和及时纠正的体系。该体系能够从规划实施的具体部门和个人那里获得规划实施情况的信息，并迅速传递给规划实施管理控制部门。

（四）衡量评价实施成果

该阶段的主要任务是将处理结果与控制标准进行衡量评价，解决问题的方式主要有：一是提出完善现有规划的条件，使规划目标得以实现；二是对规划方案进行修正。当实施结果与控制标准一致时，无须采取纠正措施；当实施结果超过控制标准时，提前完成人力资源规划的任务，应该采取措施防止人力资源浪费现象的发生；当实施结果低于控制标准时，需要及时采取措施进行纠正。

（五）采取调整措施

当通过对规划实施结果的衡量、评价发现结果与控制标准有偏差时，就需要采取措施进行纠正。该阶段的主要工作是找出引发规划问题的原因，如规划实施的条件不够，实施规划的资源配置不力等，然后根据实际情况做出相应的调整。

三、人力资源信息系统的建立

人力资源规划作为一项分析与预测工作，需要大量的信息支持，有效的信息收集和处理，会大大提高人力资源规划的质量和效率。因此，企业进行人力资源信息管理工作具有重要的意义。

（一）人力资源信息系统概述

1.人力资源信息系统的概念

人力资源信息系统是企业进行有关员工的基本信息及工作方面的信息收集、保存、整理、分析和报告的工作系统，为人力资源管理决策的制定和实施服务。人力资源信息系统对于人力资源规划的制订是非常重要的，而且人力资源规划的执行同样离不开人力资源信息系统。

随着企业人力资源管理工作的日益复杂，人力资源信息系统涉及的范围越来越广，信息量也越来越大，并与企业经营管理的其他方面的信息管理工作相联系，成为一个结构复杂的管理系统。企业的人力资源信息系统主要有两个目标：第一个目标是通过对人力资源信息的收集和整理提高人力资源管理的效率；第二个目标是有利于人力资源规划。人力资源信息系统可以为人力资源规划和管理决策提供大量的相关信息，而不是仅仅依靠管理人员的经验和直觉。

2.人力资源信息系统的内容

第一，完备的企业内部人力资源数据库。这其中包括企业战略、经营目标、常规经营信息，以及企业现有人力资源的信息。根据这些内容可以确定人力资源规划的框架。

第二，企业外部的人力资源供求信息和影响这些信息的变化因素。例如，外部劳动力市场的行情和发展趋势、各类资格考试的变化信息、政府对劳动用工制度的政策和法规等，这些信息的记录有利于分析企业外部的人力资源供给情况。

第三，相关的软件、硬件设施。这包括专业的技术管理人员、若干适合人力资源管理的软件和计量模型、高效的计算机系统和相关的网络设施等，这些都是现代化的人力资源信息系统的物质基础。

3.人力资源信息系统的功能

第一，为人力资源规划建立人力资源档案。利用人力资源信息系统的统计分析功能，企业能够及时、准确地掌握企业内部员工的相关信息，如员工数量和质量、员工结构、人工成本、培训支出及员工离职率等，确保员工数据信息的真实性，从而有利于更科学地开发与管理企业的人力资源。

第二，通过人力资源档案制定人力资源政策和进行人力资源管理的决策。例如，晋升人选的确定，对特殊项目的工作分配、工作调动、培训，以及工资奖励计划、职业生涯规划和组织结构分析。

第三，达到企业与员工之间建立无缝协作关系的目的。以信息技术为平台的人力资源信息系统，更着眼于实现组织员工关系管理的自动化和协调化，该系统使组织各层级、各部门间的信息交流更为直接、及时、有效。

（二）人力资源信息系统的建立步骤

1.对人力资源信息系统进行全面的规划

首先，要使企业的全体员工对人力资源信息系统的概念有一个充分的了解，保证人力资源管理部门对人力资源管理流程有一个清晰完整的把握；其次，考虑人事资料的设计和处理方案；最后，做好系统开发的进度安排，建立完备的责任制度和规范条例等。

2.人力资源信息系统的设计

人力资源信息系统的设计包括分析现有的记录、表格和报告，明确对人力资源信息系统中数据的要求；确定最终的数据库内容和编排结构；说明用于产生和更新数据的文件保存与计算过程；规定人事报告的要求和格式；决定人力资源信息系统技术档案的结构、形式和内容；提出员工工资福利表的形式和内容要求；确定企业其他系统与人力资源信息系统的接口要求。需要单独强调的是，在进行人力资源信息系统设计时，必须考虑企业的发展对系统的可扩展性和可修改性的要求。

3.人力资源信息系统的实施

考察目前及以后系统的使用环境，找出潜在的问题；检查计算机硬件结构和影响系统设计的软件约束条件；确定输入或输出的条件要求、运行次数和处理量；提供有关实际处理量、对操作过程的要求、使用者的教育状况及所需设施的资料；设计数据输入文件、事务处理程序和对人力资源信息系统的输入控制。

4.对人力资源信息系统的评价

对人力资源信息系统进行评价估计：第一，改进人力资源管理的成本。第二，各部门对信息资料要求的满足程度。第三，对与人力资源信息系统有关的组织问题提出建议的情况。第四，机密资料安全保护的状况。

第四节　工作分析的实施与方法

一、工作分析的实施

（一）工作分析的原则

工作分析作为人力资源管理的基础性工作，分析效果将直接影响人力资源管理其他工作的效果。因此，开展工作分析，必须科学合理，遵循以下原则：

1.系统原则

工作分析不是对岗位职责、业绩标准、任职资格等要素的简单罗列，而是要在分析的基础上对其加以系统的把握。在对某一工作岗位进行分析时，要注意该岗位与其他岗位的关系，以及该岗位在整个组织结构中所处的地位，从总体上把握该岗位的特点及其对人员的要求，从而完成对该工作岗位的全方位且富有逻辑的系统思考。

2.动态原则

工作分析是一项常规性工作。一方面，要根据企业的战略意图、环境变化、技术变革、组织与流程再造、业务调整，不断地对工作分析进行调整；另一方面，工作分析也要以岗位的现实状况为基础进行调整。

3.目的原则

在工作分析中要明确工作分析的目的，目的不同其工作分析的侧重点也不同。如果工作分析是为了招聘甄选，那么分析的重点在于任职资格的界定；如果工作分析是为了优化组织管理，那么分析的重点在于工作职责和权限的界定，强调岗位边界的明晰化等。

4.经济原则

任何组织都需要以有限的资源最大限度地实现组织目标。因此，在工作分析过程中，必须分析组织目前的工作设置是否能以最有效的方法、最合理的成本实现组织的预定目标。成本包括时间、物质资源、人力资源等一切为实现组织目标的有形和无形投入。同时，在工作分析过程中要本着经济性原则，要根据工作分析的目的采取合理的方法。

5.岗位原则

岗位原则的出发点是从工作岗位出发，分析岗位的内容、性质、关系、环境以及人员胜任特征，即完成这个岗位工作的从业人员需具备什么样的资格与条件，而不是分析在岗的人员如何。工作分析并不关注任职者的业绩、风格、特性、职业历史或任何其他事情。

6.应用原则

应用原则是指工作分析的结果、工作描述与工作规范要即时应用，在形成工作说明书后，管理者就应该把它应用于企业管理的各个方面。无论是人员招聘与选拔、培训与开发，还是绩效考核、激励都需要严格按工作说明书的要求来做。

（二）工作分析的流程

工作分析是一项十分复杂、繁重、系统的工作，因此安排好工作分析的步骤，使之有条不紊地进行，对于提高工作分析的质量、减少资源耗费十分重要。工作分析要经过以下几个步骤：

1.准备阶段

（1）确定工作分析的目的和用途

因为一项工作包含很多信息，一次工作分析不能收集所有的信息，因此，要事先确定工作分析的目的和用途，目的不同，所要收集的信息和使用方法也会不同。

（2）成立工作分析小组

工作分析小组成员一般由以下几类人员组成：

第一，企业的高层领导。高层领导的任务是发布相关政策，并动员全体员工配合该项工作，为工作分析活动的顺利进行铺平道路。

第二，本岗位任职者。本岗位任职者能尽可能多地提供全面、详尽的岗位资料。

第三，任职者的上级主管。一方面，任职者的上级主管有很多机会观察任职者的工作，能提供较多的工作信息；另一方面，任职者的上级主管可以动员员工配合关于工作岗位的信息调查，并协调人力资源部门编写工作说明书。

第四，工作分析专家。工作分析专家可以来自组织内部，如人力资源部门的工作人员，也可以从组织外部聘请工作分析专家。工作分析专家主要负责策划工作分析的方案和设计工作分析的相关工具，并为工作分析活动提供技术上的支持。

（3）对工作分析人员进行培训

为了保证工作分析的效果，还要由工作分析专家对企业参加工作分析小组的人进行业务上的培训。培训的内容主要有：第一，关于整个工作分析流程的安排。第二，关于工作分析对象背景知识的培训。第三，关于工作分析理论知识的培训。第四，关于工作分析工具的使用。

（4）其他必要的准备

部门经理应对抽调参加工作分析小组的人员的工作进行适当的调整，保证他们有充足的时间进行工作分析；在企业内部对工作分析进行宣传，如组织有关工作分析的动员会，消除员工不必要的误解和紧张。

2.调查阶段

第一，制定工作分析的时间计划进度表，保证这项工作能够按部就班地进行。

第二，根据工作分析的目的，选择收集工作内容及相关信息的方法。组织在选择工作分析方法时，关键是要考虑工作分析方法和目的的匹配性、成本可行性，以及该方法对所分析的工作岗位的适用性。一般来说，工作分析方法的选择要考虑五个因素，即工作分析的目的、成本、工作性质、待分析的工作样本量及分析客体。

第三，收集岗位相关的资料。工作分析需要收集的信息包括三个方面：工作的背景资料、与工作相关的信息、与任职者相关的信息。

以上信息，一般可以从这些渠道来获取：①工作执行者本人。②管理监督者。③顾客。④分析专家。⑤国家职业分类大典。⑥以往的分析资料。从不同的方式和渠道获取的信息有效性不一样。

3.分析阶段

（1）整理资料

将收集到的信息按照工作说明书的各项要求进行归类整理，看是否有遗漏的项目，如果有的话要返回到调查阶段，继续进行调查收集。

（2）审查资料

资料进行归类整理以后，工作分析小组的成员要一起对所获得的工作信息的准确性进行审查，如有疑问，需要找相关人员进行核实，或者返回到调查阶段，重新进行调查。

（3）分析资料

如果收集的资料没有遗漏，也没有错误，那么接下来就要对这些资料进行深入的分析，也就是说要归纳总结工作分析必需的材料和要素，揭示出各个职位的主要成分和关键因素。在分析的过程中，一般要遵循以下几项基本原则：

第一，对工作活动是分析而不是罗列。工作分析是反映所在职位的工作情况，但不是直接的反映，而是经过了一定的加工。分析时应当将某项职责分解为几个重要的组成部分，然后再将其重新进行组合，而不是对任务或活动的简单列举和罗列。

第二，针对的是职位而不是人。工作分析并不关心任职者的任何情况，它只关心职位的情况。目前的任职者被涉及的原因，仅仅是因为其通常最了解情况。例如，某一职位本来需要本科学历的人来从事，但现在由一名专科生担任这一职位，那么在分析这一职位的任职资格时就要规定为本科，而不能根据现在的状况将学历要求规定为专科。

第三，分析要以当前的工作为依据。工作分析的任务是为了获取某一特定时间内的职位情况，因此应当以目前的工作现状为基础来进行分析，而不能将自己或别人对这一职位的工作设想加到分析中去，只有如实地反映出职位目前的工作状况，才能据此进行分析判断，从而发现职位设置或职责分配上的问题。

4.完成阶段

第一，编写工作说明书。通过对资料的分析，首先要按照一定的格式编写工作说明书的初稿；其次反馈给相关的人员进行核实，意见不一致的地方要重点进行讨论，无法达成一致的还要返回到第调查阶段，重新进行分析；最后，形成工作说明书的定稿。

第二，对整个工作分析过程进行总结，找出其中成功的经验和存在的问题，有利于以后更好地进行工作分析。

第三，将工作分析的结果运用于人力资源管理，以及企业管理的相关方面，真正发挥工作分析的作用。近几年，随着企业对人力资源管理的重视，很多企业投入了大量的人力和物力来进行工作分析，但是在这项工作结束以后，却将形成的职位说明书束之高阁，根本没有加以利用，这无疑违背了工作分析的初衷。

（三）工作分析中实施过程控制

在工作分析过程中，工作分析人员经常会遇到各种障碍，导致工作分析无法顺利进行，影响了工作分析的效果，最终也将影响人力资源管理甚至是影响企业的发展。因此，工作分析要做好以下几个方面的控制工作：

1.消除员工戒备心理

员工由于担心工作分析会给自己的工作环境或自身利益带来威胁，如减员降薪、增加工作负荷和强度，所以对工作分析小组成员采取不配合或敌视的态度，表现出态度冷淡、言语讥讽，或者在接受访谈、填写问卷、接受观察时故意向工作分析人员提供虚假的或与实际情况存在较大出入的信息资料。而工作分析人员在这些虚假的信息的基础上对工作所做出的具体分析，也难免出现错误，最终产生的工作说明书和工作规范的可信度也值得怀疑。在员工培训中，如果根据这些不符合实际的工作说明书中的有关员工知识、技术、能力的要求而安排培训计划，那么培训项目很可能不会给企业带来预想的培训效果。另外，如果采用这些虚假信息作为绩效考核的依据，那么评估结果的真实性和可信性也有问题，最终以评估结果来决定员工的升降奖惩，后果将不堪设想。

工作分析人员应提前向员工介绍工作分析对于开展工作的意义，对于企业管理工作和员工个人发展的重要性，以澄清他们对工作分析认识的误区，消除其内心的顾虑和压力,争取广大员工在实际信息收集和工作分析过程中的支持与配合,保证工作分析的顺利进行。

2.合理安排工作时间

在工作分析的过程中,很多方面需要员工的参与和配合,如填写问卷、参加访谈、工作时成为被观察者,这都需要占用员工大量的工作时间。在很多情况下,员工不愿配合工作分析的原因,是因为会占用他们很多日常工作的时间。不少员工认为,工作分析是人力资源部的工作,和自己的工作没有任何关系,还会浪费自己的工作时间。因此,工作分析小组应提前与员工的直线主管进行沟通,为了配合工作分析,请直线主管在安排日常工作时预留一些时间;另外,工作分析人员要明确工作分析大致需要的时间,大概的时间进度是怎样的。工作分析活动时间安排得合理化和清晰化,可以使员工清楚自己在什么时间做什么工作,方便员工事先做好时间规划,留出足够的时间配合和支持工作分析。

3.采用适当的分析程序和分析方法

工作分析人员在正式执行工作分析时,应该采取适合工作分析小组人员能力构成和企业实际情况的分析程序,并把工作分析的具体步骤告知所参与的员工,使参与的员工能够积极配合,最终使工作分析活动得以协调、顺利进行。另外,让参加工作分析的员工初步了解在工作分析过程中可能会使用到的方法,以及工作分析方法正确的操作要点和注意事项,这样可以使各类人员明白自己要如何配合分析工作,最终使工作分析方法的运用更加有效。

4.重视工作分析的结果在企业中的应用

重视工作分析的结果在企业中的应用,提高员工的参与性。工作分析的直接结果是形成工作说明书,但企业不能仅停留在该层面上,而应及时跟进,重视工作分析的结果在制定规范的考核标准和制订合理的员工培训、发展规划中的应用,以及在提供科学的职业生涯发展咨询中的重要应用。工作分析之后千万不能没有下文,否则员工会因为感觉不到工作分析之后带来的相应变化和改进,而怀疑工作分析的作用和意义,也很难在今后的工作中再度配合人力资源部的工作。

二、工作分析的方法

（一）观察法

观察法是指工作分析人员在工作现场运用感觉器官或其他工具，观察特定对象的实际工作动作和工作方式，并以文字或图标、图像等形式记录下来的收集工作信息的方法。观察法适用于体力工作者和事务性工作者，如搬运员、操作员、文秘等职位，而不适用于主要是脑力劳动的工作。

1.观察法的分类

（1）直接观察法

直接观察法是指工作分析人员直接对员工工作的全过程进行观察。直接观察法适用于工作周期较短的岗位，如保洁员的工作。

（2）阶段观察法

当工作具有较长周期性时，为了完整观察员工的工作，需要分阶段进行观察。

（3）工作表演法

工作表演法是指，请员工表演工作的关键事件，工作分析人员进行观察。工作表演法适用于工作周期很长、突发性事件较多的工作，如保安人员的工作、消防人员的工作。

2.观察法的优缺点

（1）观察法的优点

通过观察员工的工作，分析人员能够比较全面、深入地了解工作要求。观察法适用于那些工作内容主要是由身体活动来完成的工作。而且，采用这种方法收集到的多为第一手资料，排除了主观因素的影响，比较准确。

（2）观察法的缺点

第一，观察法不适用于工作周期较长且以脑力劳动为主的工作，如设计师、研发工作等。

第二，观察法工作量太大，要耗费大量的人力、财力和时间。

第三，有关任职资格方面的信息，通过观察法无法获取。

第四，有些员工不接受观察法，认为自己被监视了，所以对工作分析存在抵触情绪，同时，也存在工作的表面性。

3.采用观察法的注意事项

在采用观察法时应注意几个问题：

第一，对工作分析人员进行培训，包括观察能力、沟通能力、总结能力和记录能力。

第二，预先确定好观察的内容、时间和场所等，并与员工事先进行沟通，消除员工的抵触情绪。

第三，工作分析人员应事先准备好观察表格，以便随时进行记录。

第四，避免机械记录，应主动反映工作的全面信息，对信息进行提炼。

（二）访谈法

访谈法是指工作分析人员面对面地与岗位任职者或主管人员进行交谈，通过访问任职者，了解他们所做的工作内容，从而获得有关岗位信息的调查研究方法。访谈法适用面较广，通过与岗位任职者面谈，员工可以提供从其他途径都无法获取的资料，特别是平常不易观察到的情况。

1.访谈法的分类

第一，对岗位任职者进行个人访谈。

第二，对做同种工作的岗位任职者进行群体访谈。

第三，对岗位任职者的直线主管进行主管人员访谈。

2.访谈法的优缺点

（1）访谈法的优点

第一，可以对岗位任职者的工作态度和工作动机等较深层次的内容有比较详细的了解。

第二，运用面较广，能够简单、迅速地收集到多方面的工作资料。

第三，有助于与岗位任职者进行沟通，缓解工作压力，减少敌对情绪。

第四，当面进行沟通，能及时修改获得的信息。

（2）访谈法的缺点

第一，访谈法要有专门的技巧，工作人员需要受过专门的工作分析方面的训练。

第二，比较费精力和时间，工作成本较高。

第三，收集的信息往往已经扭曲和失真，因为岗位任职者认为这些信息是他们工作业绩考核或薪酬调整的依据，所以他们会故意夸大或弱化某些职责。

第四，不能进行定量分析。

3.采用访谈法的注意事项

采用访谈法，应注意以下问题：

第一，事先与岗位任职者本人或直线主管进行沟通，明确本次访谈的目的和意义。

第二，在无人打扰的场所进行访谈，并消除岗位任职者的紧张情绪，建立融洽的气氛。

第三，准备完整的问题提纲，所提问题必须清楚、明确，不能模糊不清。

第四，在访谈过程中，应注意谈话技巧，由浅至深地提问，并鼓励岗位任职者真实、客观地回答问题。

第五，在访谈结束时，请岗位任职者确认谈话记录并签字。

（三）问卷调查法

问卷调查法是工作分析中最常用的一种方法。问卷调查法是根据工作分析的目的、内容等编写调查问卷，让岗位任职者、直线主管及其他相关人员填写该调查问卷，由工作分析人员回收、整理、获取工作相关信息的研究方法。

1.问卷调查法的分类

（1）结构化问卷

结构化问卷是由工作分析人员事先准备好的项目组成，体现了工作分析人员希望了解的信息，问卷回答者只需要在问卷项目后填空、选择或对各个项目进行分数评定即可。

（2）开放式问卷

开放式问卷是由工作分析人员事先设计好问题，由问卷回答者针对问题做出主观的陈述性表达。

2.问卷调查法的优缺点

（1）问卷调查法的优点

第一，费用低，速度快，节省时间，可以在工作之余填写，不会影响正常工作。

第二，调查范围广，可用于多种目的、多样用途的工作分析。

第三，调查样本量很大，适用于需要对很多工作者进行调查的情况。

第四，调查的资料可以量化，适合于用计算机对结果进行统计分析。

（2）问卷调查法的缺点

第一，设计合格的调查问卷要花费较多的时间、人力、物力，费用成本高。

第二，在问卷使用前，应进行测试，了解员工对问卷中所提问题的理解程度，为避免误解，还需要工作分析人员亲自解释和说明，降低了工作效率。

第三，填写调查问卷是由工作者单独进行，缺少交流和沟通，因此被调查者可能不会积极配合，不认真填写，从而影响调查的质量。

3.采用问卷调查法的注意事项

采用问卷调查法，应注意以下问题：

第一，请专业人士设计合格的问卷，在发放问卷前做问卷测试，对问卷中的信息进行认真鉴定，结合实际情况，做出必要的调整。

第二，在调查时，应由工作分析人员现场对调查项目进行必要的解释和说明。

第三，敦促员工及时填写并回收，避免员工遗忘或因不认真填写而影响问卷调查的质量。

（四）工作日志法

工作日志法是要求任职者在一段时间内实时记录自己每天发生的工作，按工作日的时间记录下自己工作的实际内容，形成某一工作岗位一段时间以来发生的工作活动的全景描述，使工作分析人员能根据工作日志的内容对工作进行分析。

1.工作日志法的优缺点

（1）工作日志法的优点

第一，可以长期对工作进行全面的记录，提供一个完整的工作图景，不至于漏掉一些工作细节。

第二，能准确地收集关于工作职责、工作内容、工作关系、劳动强度、工作时间等方面的信息。

第三，操作方法简单，节省费用。

（2）工作日志法的缺点

第一，对于岗位任职者来说，每天记录活动，缺乏长久的动力，难以坚持，或可能出现马虎或应付的情况。

第二，员工可能会夸大或忽略某些活动，导致收集的信息可能存在一些误差。

第三，岗位任职者每天填写日志会影响正常的工作。

第四，信息整理的工作量大，归纳较烦琐。

2.采用工作日志法的注意事项

采用工作日志法，应注意以下问题：

第一，向岗位任职者说明填写工作日志对工作分析的重要性，请岗位任职者认真填写，并坚持填写。

第二，合理安排工作时间，给予岗位任职者填写工作日志的时间，避免员工因担心填写工作日志而影响工作。

第三，尽量设计标准的工作日志表格，方便员工填写和工作分析人员整理信息。

3. 工作日志的填写说明

第一，请按每天的工作活动发生的顺序填写，不要遗漏任何工作。

第二，请填写真实的信息，以免损害您的利益。

第三，请注意保管工作日志，以免遗失。

第三章 绩效管理

第一节 绩效管理概述

一、绩效管理的含义及目的

（一）绩效管理的含义

所谓绩效管理，就是为了更有效地实现企业目标，由专门的绩效管理人员运用人力资源管理的知识、技术和方法与员工一起进行绩效计划、绩效辅导、绩效考评、绩效反馈与改进、绩效结果应用等的过程。

绩效管理是以目标为导向，将企业要达到的战略目标层次分解，通过对员工的工作表现和业绩进行诊断分析，改善员工在企业中的行为，充分发挥员工的潜能和积极性，提高员工的工作绩效，从而更好地实现企业各项目标。绩效管理更突出的是过程管理，它以改善行为为基础，通过有计划地进行双向沟通的培训辅导，提高员工绩效，最终实现提高部门绩效和企业整体绩效的目的。绩效管理对企业来说，是一项管理制度；对管理者个人来说，则是管理技能和管理理念。

在进行绩效管理的企业中，绩效管理是贯穿各级管理者管理工作始终的一项基本活动。

（二）绩效管理的目的

各个组织根据自身的不同情况运用绩效管理系统会侧重于不同的目的。

1.了解员工的工作绩效

员工希望了解自己的工作成绩，希望知道如何提高自己的工作绩效，并以此来提高自己的薪酬水平和获得晋升的机会。因此，绩效管理的结果可以向员工反馈其工作绩效水平的高低，使员工了解自己工作中的不足之处，帮助员工改进，从而提高整个组织的绩效。通过绩效管理指出员工存在问题的同时，能够发现培训需求。有针对性地对员工进行培训，可以帮助员工提高工作知识、技能及在人际关系、计划、监督等方面的能力（针对管理人员），促进员工的发展。因此，绩效管理是培训方案设计和实施的基础。

2.绩效管理的信息可以为组织的奖惩系统提供标准

在组织的多项管理决策中都要使用管理信息（特别是绩效考评信息）。绩效考评能够使不同岗位上员工的工作绩效得到合理的比较，从而使组织在进行薪酬决策、晋升决策、奖惩决策、保留或解聘等决策时做到公平合理，使整个激励体系真正起到应有的作用。

3.将员工的工作和组织的目标相结合

工作绩效管理有利于发现组织中存在的问题，绩效考评的信息可以被用来确定员工和团队的工作与组织目标之间的关系，当各种工作行为与组织目标发生偏离时，要及时进行调整，确保组织目标的实现。

4.促进组织内部信息沟通和企业文化建设

绩效管理非常注重员工的参与性。从绩效目标的制定、绩效计划的形成、实行计划中的信息反馈和指导到绩效考评、对考评结果的应用，以及提出新的绩效目标等都需要员工的参与，满足员工的尊重需要和自我实现的需要，为组织创造一个良好的氛围。因此，绩效管理对于创建民主的、参与性的企业文化是非常重要的。

需要指出的是，无论绩效管理系统有多完美，也只有最终被它所影响的人接受才能够发挥作用。

二、绩效管理与绩效考评的联系与区别

绩效考评又称绩效评估，就是组织的各级管理者通过某种方法对其下属的工作完成情况进行定量与定性评价，通常被看作管理人员一年一度的短期阶段性事务工作。在单纯的绩效考评中，管理者和下属关注的焦点主要集中在考评的指标和考评的结果上。这

种关注的角度往往导致组织将现有绩效考评系统的失败归咎于考评指标的不完美、不够量化等因素，进而不断花费成本寻求更完美的考评指标。管理者和下属对考评结果的关注，则容易产生对立情绪。管理者面对打分的压力，下属则普遍抱有抵触情绪，使双方处于矛盾和对立之中。

（一）绩效管理与绩效考评的联系

绩效考评是绩效管理的一个不可或缺的组成部分，通过绩效考评可以为组织进行绩效管理提供资料，帮助组织不断提高绩效管理水平和有效性，使绩效管理真正帮助管理者提高管理水平，帮助员工提高绩效能力，帮助组织获得理想的绩效水平。

（二）绩效管理与绩效考评的区别

第一，绩效管理是一个完整的绩效管理过程，包括制订绩效计划、动态持续的绩效沟通、绩效考评、绩效反馈与改进、绩效考评结果的应用等；而绩效考评只是这个管理过程中的一个环节或手段。

第二，绩效管理是一个过程，贯穿于日常工作，循环往复地进行；而绩效考评是一个阶段性的总结，只出现在特定时期。

第三，绩效管理具有前瞻性，能帮助组织和管理者前瞻性地看待问题，有效规划组织和员工的未来发展；而绩效考评则是回顾过去的某一个阶段的成果，不具备前瞻性。

第四，绩效管理以动态持续的绩效沟通为核心，注重双向的交流、沟通、监督、评价；而绩效考评只注重事后的评价。

第五，绩效管理是根据预期目标，评价绩效结果，提出改善方案，侧重日常绩效的提高；而绩效考评只比较预期的目标，注重进行绩效结果的评价。

第六，绩效管理充分考虑员工的个人发展需要，为员工能力开发及教育培训提供各种指导，注重个人素质能力的全面提高；而绩效考评只注重员工的考评成绩。

第七，绩效管理能建立绩效管理人员与员工之间的绩效合作伙伴关系；而绩效考评则使绩效管理人员与员工站到了对立的两面，双方的距离越来越远。

三、影响绩效管理的因素

一个组织在整个绩效管理的过程中,要达到组织的预期目的,实现组织的最终目标,往往受到多种因素的影响。作为一个管理者,只有充分认识到各种影响因素给组织绩效所带来的影响及程度,才能够做好绩效管理工作。一般来讲,影响组织绩效管理有效性的因素有以下几个方面:

(一)观念

管理者对绩效管理的认识是影响绩效管理效果的重要因素。如果管理者能够深刻理解绩效管理的最终目的,具前瞻性地看待问题,并在绩效管理的过程中有效地运用最新的绩效管理理念,便可以很好地推动绩效管理的有效实施。

(二)高层领导支持的程度

绩效管理作为人力资源管理的重要组成部分,是实现组织整体战略管理的一个重要手段。要想有效地进行绩效管理,必须得到高层领导的支持。高层领导对待绩效管理的态度决定了绩效管理的效果。如果一个组织的领导能大力支持绩效管理工作,并给予绩效管理工作人员必要的物质和精神支持,就会使绩效管理水平得到有效的提升;反之,一个组织的绩效管理水平和效果将是十分低下的。

(三)人力资源管理部门的尽职程度

人力资源部门在绩效管理的过程中扮演着组织协调者和推动者的角色。绩效管理是人力资源管理工作的重要组成部分,如果人力资源管理部门能够对绩效管理大力投入,加强对绩效管理的宣传,组织必要的绩效管理培训,完善绩效管理的流程,就可以为绩效管理的有效实施提供有力保证。

(四)各层员工对绩效管理的态度

员工对绩效管理的态度直接影响绩效管理的实施效果。如果员工认识到绩效管理的最终目的能使他们改进绩效而不是单纯的奖罚,绩效管理就能很好地发挥功效。反之,如果员工认为绩效管理仅仅是填写各种表格应付上级或对绩效管理存在着严重的抵触情绪，那么绩效管理就很难落到实处。

（五）绩效管理与组织战略的相关性

个人绩效、部门绩效应当与组织的战略目标相一致。只有个人绩效和部门绩效都得到实现的同时，组织战略才能够得到有效的执行。这就要求组织管理者在制定各个部门的目标时，不仅要考虑部门的利益，还要考虑组织的整体利益，只有做到个人、部门和组织整体的目标相一致，才能确保组织的绩效管理卓有成效。

（六）绩效目标的设定

一个好的绩效目标要满足具体、可衡量、可实现及与工作相关等要求。只有这样，组织目标和部门目标才能得到有效的执行，绩效考核的结果才能够公正、客观和具有说服力。

（七）绩效指标的设置

绩效指标对于组织和员工而言，是战略和文化的引导，是工作的方向，因此制定一个清晰明确、重点突出的绩效指标非常重要。好的绩效指标可以确保绩效考核重点突出，与组织战略目标精确匹配，便于绩效管理的实施。

（八）绩效管理系统的时效性

绩效管理系统不是一成不变的，它需要根据组织内部、外部的变化进行适当调整。当组织的战略目标、经营计划发生改变时，组织的绩效管理系统也要进行动态的变化，以保证其不会偏离组织战略发展的主航道，对员工造成错误的引导。

四、绩效管理的过程

绩效管理是一个包括多阶段、多项目标的综合过程，它的各个环节不仅密切联系，而且周而复始地不断循环，形成一个持续的循环过程。绩效管理的基本流程一般包括绩效计划、绩效辅导、绩效考评、绩效反馈、绩效改进及绩效结果的应用。

（一）绩效计划

绩效计划是绩效管理的第一个环节，是绩效管理的起点，也是整个绩效管理体系中最重要的环节。所谓绩效计划，是指被评估者和评估者双方对员工应该实现的工作绩效进行沟通的过程，并将沟通的结果落实为订立正式书面协议，即绩效计划和评估表，是双方在明晰责、权、利的基础上签订的一个内部协议。作为一个组织，要想达到预期的战略目标，就必须先将战略目标分解为具体的任务或目标，并落实到各个岗位；然后再对各个岗位进行相应的职位分析、工作分析、人员任职资格分析。完成这些任务后，各个部门的管理人员应当和员工一起，根据本岗位的工作目标和工作职责，讨论并确定绩效计划周期内员工应当完成什么工作、做到怎样的程度、为何要做这项工作、何时完成、资源如何分配等。绩效计划的设计从公司最高层开始，将绩效目标层层分解到各级子公司及部门，最终落实到个人。对于各子公司而言，将绩效目标层层分解即为经营业绩计划的过程；对于员工而言，则为绩效计划过程。

在绩效计划阶段，管理者和员工的共同参与是绩效计划制订的基础。通过相互协作的方式完成绩效计划的制订，可以使绩效计划得以有效地实施。

（二）绩效辅导

所谓绩效辅导，是指管理人员对员工完成工作目标的过程进行辅导，帮助员工不断地改进工作方法和技能，及时纠正员工行为与工作目标之间可能出现的偏离，激励员工的正面行为，并对目标和计划进行跟踪和修改的过程。

绩效辅导是连接绩效目标和绩效评估的中间环节，也是绩效管理循环中耗时最长、最关键的一个环节，是体现管理者管理水平和领导艺术的主要环节。通过绩效辅导这个环节，可以实现强调员工与主管人员的共同参与、强调员工与主管之间形成绩效伙伴关系、共同完成绩效目标的过程。总而言之，绩效辅导工作的好坏直接决定着绩效管理工作的成败。绩效辅导主要包括两方面的工作：一是持续不断的绩效沟通；二是数据的收集和记录。其具体步骤包括：

第一，观察和了解员工的绩效和行为，让员工知道自己的绩效水平，并给予一定的反馈，或是要求员工改进，或是给予激励，希望保持高绩效。

第二，寻找问题与原因。如果员工绩效没有改进，就要探究其中的原因，同时要求改变具体的行为，并视需要给予其帮助。

第三，教导分析。如果绩效仍然没有得到改进，那么管理者就必须运用教导分析的方法找出其中的原因，并和员工一起克服影响绩效的障碍。

第四，提高计划。和员工一起找出提高业绩的方法，并帮助员工找到问题，改进绩效流程，然后确认这些流程和方法，并固定下来，着眼于更长远的未来员工绩效。

（三）绩效考评

绩效考评是按事先确定的工作目标及其衡量标准，考核员工实际的绩效情况的过程。绩效考评是一项技术性很强的工作，包括拟订、审核考评指标，选择和设计考评方法，培训考评人员等内容。

（四）绩效反馈

绩效反馈是指主管人员在绩效评估之后使员工了解自身绩效水平的各种绩效管理手段和过程。绩效管理的核心目的是不断提升员工和组织的绩效水平。因此，绩效管理的过程并不是为绩效考评打出一个分数或得到一个等级就结束了，主管人员对员工的绩效情况进行评估后，必须与员工进行面谈沟通，即进行绩效反馈。

（五）绩效改进

绩效改进是绩效管理过程中的一个重要环节。传统的绩效考评的目的是通过对员工的业绩进行考评，将考评结果作为确定员工薪酬、奖惩、晋升或降级的标准。而绩效管理的目标不限于此，员工能力的不断提升及绩效的持续改进和发展才是其根本目的。所以，绩效改进工作的成功与否，是绩效管理过程能否发挥作用的关键。

（六）绩效结果的应用

绩效考评完成后，形成的考评结果要与相应的管理环节相互衔接，主要体现在以下几个方面：

1.人力资源规划

为组织提供总体人力资源质量优劣程度的确切情况，获得所有人员晋升和发展潜力的数据，便于组织制订人力资源规划。

2.招聘与录用

根据绩效考评的结果，可以确定采用何种评价指标和标准招聘和选择员工，可提高招聘的质量并降低招聘成本。

3.薪酬管理

绩效管理的结果可以作为业绩工资发放的依据。绩效评价越高，业绩工资越高，这是对员工追求高绩效的一种鼓励和肯定。

4.职务调整

可以将多次绩效考评的结果作为员工晋升和降级的依据之一。例如，经过多次绩效考评，对于业绩始终没有得到提高的员工，如果确实是能力不足，不能胜任工作，则应当考虑为其调整工作岗位；如果是员工本身的态度问题，经过多次提醒和警告后仍无济于事，则管理者应当考虑将其解雇。

5.员工培训与开发

通过绩效考评可以了解员工绩效低的原因，对那些由于知识和技能方面不足未能达到绩效计划的员工，企业可以组织员工参加培训或接受再教育。这样能够增强员工的培训效果，降低培训成本。同时，可以根据绩效考评的结果，制定员工在培养与发展方面的特定需求，帮助员工发展和执行他们的职业生涯规划。

6.员工关系管理

公平的绩效考评，为员工在奖惩、晋升、调整等重大人力资源管理环节提供公平客观的数据，减少主观不确定因素对管理的影响，能够保持组织内部员工的相互关系建立在可靠的基础之上。

第二节　绩效考评

一、绩效考评概述

（一）绩效考评的内容

绩效考评是绩效管理的主要内容，是按照确定的标准来衡量工作业绩、工作成果、工作效率和工作效益的达到程度。绩效考评内容的科学性和合理性，直接影响绩效考评的质量。因此，绩效考评的内容应该符合企业自身的实际情况，能够准确地对员工的绩效进行考评。另外，绩效考评的内容也颇为复杂。很多企业效考评的内容包括以下四个方面：

1.工作业绩考评

工作业绩考评是指对员工工作效率和工作结果进行考核和评价，是对员工贡献程度的衡量，是所有工作绩效考评中最基本的内容，直接体现出员工在企业中的价值大小。工作业绩的考评包括员工完成工作的数量、质量、成本费用、利润等，以及为企业做出的其他贡献，如为企业赢得荣誉等。

2.工作能力考评

工作能力考评是指对员工在工作中体现出来的能力进行考评，主要体现在四个方面：第一，专业知识和相关知识。第二，相关技能、技术和技巧（包括操作、表达、组织、协调、指挥、控制等）。第三，相关工作经验。第四，所需的体能和体力（取决于年龄、性别和健康状况等因素）。需要指出的是，绩效考评中的能力考评和一般性能力测试不同，前者与被考核者所从事的工作相关，主要考评其能力是否符合所担任的工作和职务；而后者是从人的本身属性对员工的能力进行评价，不一定要和员工的现任工作相联系。

3.工作行为考评

工作行为考评是指对员工在工作中表现出来的相关行为进行考核和评价，衡量其行为是否符合企业的规范和要求。由于对行为进行考评很难由具体的数字或金额来表达，因此，在实际工作中，对员工的行为进行考评主要包括出勤、纪律性、事故率、主动性、客户满意度、投诉率等。

4.工作态度考评

工作态度考评是对员工在工作中的努力程度进行考评，即对工作积极性的衡量。积极性决定着人的能力的发挥程度，只有将积极性和能力的考评结合起来，才能发挥员工的潜力。常用的考评指标包括团队精神、忠诚度、责任感、创新精神、敬业精神、进取精神、事业心和自信心等。工作态度在很大程度上决定了工作能力向工作业绩转化的效果。因此，对员工工作态度的考评是非常重要的。

在绩效考评的四个方面中，工作业绩和工作能力的考评结果是可以被量化的，是客观的，被称为考评的硬指标；工作行为和工作态度的考评结果是主观的，很难被量化，被称为考评的软指标。在进行工作绩效考评时，应注意做到客观性评价和主观性评价相结合，软指标和硬指标相结合，这样才能全面地评价员工的工作绩效。

（二）绩效考评的目的

绩效考评的目的：

一是帮助员工认识自己的潜在能力并在工作实际中充分发挥这种能力，以达到激励员工工作的目的和促进员工的培训与发展。

二是为人力资源管理等部门提供制定有关人力资源政策和决策的依据。

三是有利于改进企业人力资源管理工作，企业从定期的工作绩效考评中检查诸如招聘、培训和激励等人力资源管理方面的问题，从中吸取经验教训，以便今后改进工作并对下一步行动做出正确的导向。因而，绩效考评的过程既是企业人力资源发展的评估与发掘过程，也是了解个人发展意愿，制订企业培训计划和为人力资源开发做准备的过程。

（三）绩效考评人员的组成

绩效考评人员的选择就是选择谁来进行考核，也就是解决考评关系中考评主体与考评客体如何划分的问题。一般而言，在企业实践中，通常是通过以下几种人员作为考评工作的主体来建立考评机制：

1.直接主管

绩效考评大都是由直接主管进行或者参与进行的。企业通常在制度上规定直接主管对于下级拥有考评的责任和权利。直接主管对下属的工作最熟悉，可以准确把握考评的重点及关键。主管考评权与他们拥有的奖励和惩罚下属的权利是相应的。

2.工作者自身

员工本人对自己进行评价具有重要意义。自我评价有利于员工对企业考评的认同，减少他们的逆反心理，增强员工参与意识；有利于员工明确自己的长处和短处，加强自我开发；能够在考评中不断总结经验，从而改进工作方法。不过，调查显示，员工自我评价一般比他人评价高，很少有人会自我贬低，容易形成极端分布。因此，这种方法不可单独进行。

3.同事

在同事之间进行的评价，在某些方面有特殊作用，如工作方式和工作态度。同事之间的工作相关性强，相互之间在一起共事，沟通较多，比较了解关于工作和行为的有效信息。但在进行同事考评时，有时可能因为个人关系而产生感情偏差，或者出现通过"轮流坐庄"获得奖励或避免惩罚的不负责任的行为。

4.下级

由下属对领导层员工进行评价也有重要意义。尤其对于其领导能力、沟通能力等方面的评价，往往具有很强的针对性。但也要看到，员工由于顾虑上级的态度及反应，可能不会反映真实情况。为了解决这一问题，应当由专门的部门进行组织，避免因评价结果而使员工受到打击报复。

5.业务归属部门

在企业中，专业技术性较强的工作内容往往由专门的职能部门进行归属管理，如财务部、质量部等。对这些部门从特定角度进行绩效考评，在考评工作中具有非常重要的地位。

6.外请专家

由外请专业人员进行考评有特殊的意义。因为外请人员具有较强的专业技能，同被考评者之间没有利害关系，因而往往比较客观公正，考评结果也容易为员工所认同。但外请专家成本较高，而且对于专业性很强的内容，专家也不一定十分了解。

二、绩效考评的原则

在进行绩效考评的时候，一定要做到科学、公正、客观，这样的考评才有意义。为此，应该遵循以下八项原则：

（一）制度化原则

要将企业的绩效考评作为企业的一项制度固定下来，同时，对考核的标准、程序、责任等都要有明确的制度规定，并在操作中严格地按照制度的规定进行。这样，绩效考评才会有其权威性。

（二）公开化原则

考评的内容标准要公开，使员工认识到所有的考评对大家都是一样的，这样才能使员工对绩效考评工作产生信任感，各部门和各员工之间就不会造成人为矛盾。同时，每个员工都可以明确了解到工作的要求是什么，这样就可以按照考评的标准来要求自己，从而提高工作绩效。

（三）客观性原则

要做到考评标准客观、组织评价客观、自我评价客观，不能带有考评人的个人观点，尽量避免掺入主观意识和感情色彩。必须用公认的标准，进行客观的评价。唯有客观性，才会保证其公正性。

（四）分层次原则

绩效考核最忌讳的就是用统一的标准来评价不同的人和不同的工作要求。不同层次的员工，考评的标准和考核的内容是不同的。比如，对一般员工的考评，主要考评其完成工作的数量、质量、效益及工作态度等；而对于主管人员来说，则不仅要考评其完成工作任务的数量、质量及效益，要考评其在企业及各部门所制定的目标的实现程度，还要考评其作为主管人员在计划、决策、指挥、激励、授权、培养人才等方面的成绩。

（五）同一性和差别性原则

在考评相同类别的员工时要用同一标准、同一尺度去衡量，同样的工作内容、工作职位要用相同的标准去考核。例如，企业中不同部门的秘书工作，工作内容大致是相同的，可以用同一种考评标准来进行考核。在考核不同类别的员工时，要注意用不同的标准和尺度去衡量。例如，生产部门可以用产品的产量、合格率、物耗等指标进行衡量，而销售部门则月销售额、销售费用、回款率等指标来进行衡量。

（六）单头考核原则

在一些企业中，进行考评时可能会出现员工与考评者、管理者之间的摩擦，最主要的原因就是在考评时多重考评、多头领导。在企业中，最了解员工工作情况的是员工的直接主管。如果在考评时间接的管理者对员工的工作情况妄加指责，就容易造成不公平现象，就会出现摩擦。当然，并不排除间接的上级对考评的结果进行调整修正。

（七）反馈原则

对员工进行考评以后要把考评结果直接告诉员工，使员工能明白自己工作的成绩和不足，同时要向其提供对于今后工作的参考意见。还应及时地将考核的结果反馈给公司培训部门，从而使培训部门根据考评结果有针对性地加强对员工的培训工作。

（八）差别性原则

考评方法要能评出工作的好坏差别。在正常情况下，员工在工作中的成绩是有差别的，考评方法要正确体现出员工在工作中的这种差别，使考核具有激励性，鼓舞员工上进。

三、绩效考评体系

（一）绩效考评的特征

有效的绩效考评系统应该同时具备敏感性、可靠性、准确性、可接受性和实用性五个特征。

1.敏感性

敏感性指的是工作绩效考评系统具有区分员工工作效率高低的能力，否则既不利于企业进行管理决策，也不利于员工自身的发展，甚至会挫伤主管人员和员工的积极性。如果工作评价的目的是升迁推荐等人事管理决策，评价系统就需要收集关于员工之间工作情况差别的信息；如果工作评价的目的是促进员工个人的成长发展，评价系统就需要收集员工在不同阶段自身工作情况差别的信息。

2.可靠性

绩效考评体系的可靠性指的是评价者对员工的判定评价具有一致性，不同的评价者对同一个员工所做的评价应该基本相同。当然，评价者应该有足够的机会观察工作者的工作情况和工作条件。研究结果表明，只有来自组织中相同级别的评价者才可能对同一名员工的工作业绩做出一致性的评价结果。

3.准确性

绩效考评的准确性指的是应该把工作标准与组织目标联系起来，把工作要素和评价内容联系起来，进而明确一项工作成败的界限。工作绩效标准是就一项工作的数量和质量要求具体规定员工行为组合可接受的界限。人们知道，工作分析是描述一项工作的要求和对员工的素质要求，而工作绩效标准是区分工作绩效高低的标准，实际的工作绩效评价则是具体描述员工工作中的优缺点。业绩考评的准确性要求对工作分析、工作标准和工作绩效评价系统进行周期性的调整和修改。

4.可接受性

绩效考评体系只有得到管理人员和员工的支持才能推行。因此，绩效考评体系经常需要员工的参与。业绩评价中技术方法的正确性和员工对评价系统的态度都很重要。

5.实用性

业绩考评体系的实用性指的是评价系统的设计、实施和信息利用都需要花费时间、努力和金钱，组织使用业绩考评系统的收益必须大于其成本。

在绩效考评的五个特征中，前三个特征被称为技术项目，后两个特征被称为社会项目。一般来说，只要绩效评价系统符合科学和法律的要求，具有准确性、敏感性和可靠性，就可以认为它是有效的。

在员工工作绩效考评体系的设计过程中，既需要根据绩效考评的目的来确定合适的评价者和评价标准及评价者的培训等问题，也需要选择适合企业自身情况的具体考评方法。员工绩效考评的标准可能是员工的行为表现，也可能是员工的工作效果，还可能是员工的个人特征。对员工的工作绩效考评方法有很多种，这些考评方法又可以分为客观类的评价方法和主观类的评价方法。另外，在考评体系设计的过程中，还需要决定员工绩效考评的周期长短。

（二）绩效考评体系的设计

1.评价者的选择

在员工绩效考评的过程中，对评价者的基本要求有以下几个方面：

第一，评价者应该有足够长的时间和足够多的机会观察员工的工作情况。

第二，评价者有能力将观察结果转化为有用的评价信息，并且能够使绩效考评系统可能出现的偏差最小化。

第三，评价者有动力提供真实的员工业绩评价结果。

不管评价者是谁，如果评价结果的质量与评价者的奖励能够结合在一起，那么评价者都会更有动力去做出精确客观的评价。一个值得注意的现象是，这种对评价者的激励与评价系统的设计和选择是同样重要的。一般而言，员工在组织中的关系是上有上司，下有下属，周围有自己的同事，组织外部还可能有客户。

2.评价信息来源的选择

员工业绩考评的标准和执行方法取决于开展绩效考评的目的。因此，在确定评价信息的来源以前，应该首先明确绩效考评的结果是为谁服务的，以及使用这些绩效考评信息的目的是什么。评价信息的来源与评价目的之间的配合关系可以从两个方面来认识。第一，不同评价者提供的信息来源对人力资源管理中的各种目标具有不同的意义。第二，根据不同的评价标准得到的员工业绩考评信息对人力资源管理中的各种目标也具有不同的意义。如果为了给奖金的合理发放提供一个依据，就应该选择反映员工工作结果的标准来进行评价；如果为了安排员工参加培训或者要帮助他们进行职业前程规划，就应该选择工作知识等员工的个人特征作为评价标准；如果要剔除最没有价值的员工，那么就应该选择违反操作规程的行为或产生的不良后果作为评价标准。

3.评价人员的准备

一个好的评价人员应该起到一个教练的作用，要能够激励员工。在工作绩效考评过程中，评价人员容易出现的错误有对员工过分宽容或者过分严厉、评价结果集中、出现光环效应和产生对比误差等。其中，光环效应是指评价人员根据自己对员工的基本印象进行评价，而不是把员工的工作表现与客观的工作标准进行比较。为了最大限度地减少产生这些业绩评价的错误，应该在每次开展绩效考评前对评价人员进行培训。在培训评价人员的过程中，提高工作绩效考评的可靠性和有效性的关键是应用最基本的学习原理，这就要求鼓励评价人员对具体的评价行为进行记录，给评价人员提供实践的机会，组织培训的主管人员要为评价人员提供反馈信息，并适时地给予鼓励。此外，还要进行温习训练，巩固理想的评价行为。

通过对负责员工绩效考评的管理人员进行培训，使其在整个绩效考评过程中能够做到以下三个方面：

第一，在绩效考评前，负责绩效考评的管理人员就经常与员工交换工作意见，参加企业组织的关于员工绩效考评的面谈技巧的培训。学会在与员工的面谈中采用问题处理方式，而不是"我说你听"的方式。同时，应该鼓励员工为参加评价和鉴定面谈做好准备。

第二，在绩效评价中，负责绩效考评的管理人员要鼓励员工积极参与评价工作的过程，不评论员工个人的性格与习惯，注意倾听员工的意见，最后要能够使双方对今后的工作目标改进达成一致的意见。

第三，在绩效考评后，负责绩效考评的管理人员要经常与员工交换工作意见，定期检查工作改进的进程，并根据员工的表现及时给予奖励。

4.绩效考评方法的选择

对员工进行绩效考评的方法可以分为员工特征导向的评价方法、员工行为导向的评价方法和员工工作结果导向的评价方法。

（1）员工特征导向的评价方法

员工特征导向的评价方法是以员工特征为基础的业绩评价方法，衡量的是员工个人特性，如决策能力、对工作的忠诚度、人际沟通技巧和工作的主动性等方法。这种评价方法主要是回答员工"人"做得怎么样，而不重视员工的"事"做得如何。这类评价方法最主要的优点是简便易行，但也有严重的缺点。首先，以员工特征为基础的评价方法的有效性差，在评价过程中所衡量的员工特征与其工作行为和工作结果之间缺乏确定的联系。例如，一名性情非常暴烈的员工在对待客户的态度上却可能非常温和。其次，以员工特征为基础的评价方法缺乏稳定性，特别是不同的评价者对同一个员工的评价结果可能相差很大。最后，以员工特征为基础的业绩评价结果能为员工提供有益的反馈信息。

（2）员工行为导向的评价方法

在工作完成的方式对于组织的目标实现非常重要的情况下，以员工行为为基础的业绩考评方法就显得特别有效。例如，一名售货员在顾客进入商店时应该向顾客问好，帮助顾客寻找他们需要的商品，在顾客选好商品后及时地为他们开票并收款，在顾客离开时礼貌地道谢和告别。这种评价方法能够为员工提供有助于改进工作绩效的反馈信息，但是这种评价方法的缺点是无法涵盖员工达到理想工作绩效的全部行为。

（3）员工工作结果导向的评价方法

员工工作结果导向的评价方法是以员工的工作结果为基础的方法，先为员工设定一个最低的工作业绩标准，然后将员工的工作结果与这一明确的标准相比较。当员工的工作任务的具体完成方法不重要，而且存在着多种完成任务的方法时，这种结果导向的评价方法就非常适用。工作标准越明确，业绩评价就越准确。工作标准应该包含两种信息：一是员工应该做什么，包括工作任务量、工作职责和工作的关键因素等；二是员工应该做到什么程度，即工作标准。每一项工作标准都应该清楚明确，使管理者和员工都了解工作的要求，了解是否已经满足了这些要求。而且，工作要求应该有书面的工作标准。其实任何工作都有数量和质量两个方面的要求，只不过是二者的比例不同。由于数量化的工作结果标准便于应用，因此应该尽可能地把最低工作要求数量化。

员工工作结果导向的评价方法的缺点包括以下几个方面：第一，在很多情况下，员工最终的工作结果不仅取决于员工个人的努力和能力因素，也取决于经济环境、原材料质量等多种其他因素。因此，这些工作的业绩考评很难使用员工工作的结果来评价，即使勉强使用也缺乏有效性。第二，员工工作结果导向的业绩评价方法有可能强化员工不择手段的倾向。例如，提供电话购物服务的公司如果用员工的销售额来评价员工的业绩，那么员工就可能中途挂断顾客要求退货的电话，结果会降低顾客的满意程度，减少重复购买率，这显然不利于组织的长期绩效提升。第三，在实行团队工作的组织中，把员工个人的工作结果作为业绩考评的依据会加剧员工个人之间的不良竞争，妨碍彼此之间的协作和相互帮助，不利于整个组织的工作绩效。第四，员工工作结果导向的业绩评价方法在为员工提供业绩反馈方面的作用不大，尽管这种方法可以告诉员工其工作成绩低于可以接受的最低标准，但是它无法提供如何改进工作绩效的明确信息。

在为具体的工作设计业绩考评方法时，需要谨慎地在这些类别中进行选择。除非员工的行为特征与工作绩效之间存在着确定的联系，否则就不应该选择这种简便的方法。一般而言，员工行为导向的评价方法和员工工作结果导向的评价方法的有效性比较高，这两类方法的某种结合可以胜任对绝大多数工作进行评价。

第三节　绩效反馈与改进

绩效考评工作完成之后，并不意味着绩效管理工作就完成了。作为一个部门的主管，要及时地把绩效考评的结果向员工反馈，让每一个员工明确自身的优点或缺点，并能让员工针对自身的优点或缺点做到继续保持或加以更正，而这就需要通过绩效反馈和面谈来实现。

一、绩效考核面谈、反馈与改进的理论基础

（一）绩效反馈的含义

所谓绩效反馈，就是使员工了解自身绩效水平的各种绩效管理手段。绩效反馈是绩效沟通最主要的形式。同时，绩效反馈最重要的实现手段就是管理者与员工之间的有效沟通。

（二）考核面谈、反馈与改进的理论基础——反馈干涉理论

绩效考核面谈的主要目的：一方面，要让员工了解自己的考核结果背后的原因，以此来增强共识、减少误解和猜疑；另一方面，要改善员工的绩效及为员工的发展提供建议。绩效考核面谈的有效性是基于反馈干涉理论的。反馈干涉理论认为，在满足以下五个基本假定的条件下，绩效考核面谈能够有效地提高员工的绩效：

第一，员工的行为调整取决于反馈结果与一个目标或标准的比较。

第二，目标或标准是分层次的。

第三，员工的注意力是有限的，所以只有那些反馈与标准的差距才会引起他们的注意，并调整其行为。

第四，注意力通常被导向层级的趋中层次。

第五，反馈干涉理论改变了注意力，从而影响了行为。

这里所说的层次，是一个认知心理学的概念，它反映了人们对于工作中个人努力目标及绩效改进措施中的努力方向。

一般地说，对于关注高层次的员工，绩效考核面谈应鼓励他们将工作做得更好，帮助他们分析自己的定位和未来发展，而具体提高绩效的手段可以留给他们自己来选择。而对于关注低层次的员工，上级人员只有手把手地教给他们如何去做，才是提高绩效的办法。这时，上级与下属一起学习公司的规定、规范，仔细分析产生绩效考核结果的工作因素，对提高工作绩效是有帮助的。当然，设法帮助他们提高自己关注的层次，也是绩效反馈面谈的一个重要目标。

研究人员对人们在绩效考核面谈中该如何关注员工的不同层次问题上提出了一些建议。例如，仅集中在任务和工作绩效上，不要集中在个人或个人自我概念的任何部分；不要威吓或惊吓听众；包含如何改进的信息；与反馈同时进行，提出一个正式的目标设

定计划；尽可能多地提供与绩效改进相关的信息，减少谈及与他人绩效相关的信息。

（三）绩效反馈与面谈的目的

主管对员工的绩效情况完成评估后，必须及时地与员工进行面谈沟通。这个环节是非常重要的。绩效管理的核心目的是不断提升员工和组织的绩效水平，提高员工的技能水平。这一目的能否实现，最后阶段的绩效反馈和面谈起了很大的作用。通过绩效反馈面谈可以达到以下几个方面的目的：

1.对绩效评估的结果达成共识

绩效评估往往包含许多主观判断的成分，即使是客观的评估指标，也存在对于采集客观数据的手段是否认同的问题。因此，对于同样的行为表现，评估者与被评估者由于立场和所扮演的角色的不同，往往会给出不同的评估。因此，双方对于评估结果的认同必然需要一个过程。对评估结果达成共识，有助于双方更好地对被评估者的绩效表现做出判断。

2.让员工认识到本绩效期内自己取得的进步和存在的缺点

每个人都有被认可的需要，当员工做出成就时，他需要得到主管的承认或肯定，这会对员工起到积极的激励作用。同时，员工的绩效中可能存在一些不足之处，或者想要维持并进一步提高绩效。通常来说，员工不仅关注自己的成绩和绩效结果，更希望有人指出自己需要改进的地方。通过评估反馈，主管和员工共同分析绩效不足的原因，找出双方有待改进的方面，从而促进员工更好地提高绩效。

3.制订绩效改进计划

在管理者和员工就评估结果达成一致意见之后，双方应就面谈中提出的各种绩效问题制订一个详细的书面绩效改进计划。在绩效改进计划中，双方可以共同确定出需要解决的问题、解决的途径与步骤，以及员工需要管理者提供的帮助等。

4.协商下一绩效管理周期的绩效目标和绩效标准

绩效管理是一个往复不断的循环过程，一个绩效周期的结束恰好是下一个周期的开始。因此，上一个绩效管理周期的绩效反馈面谈可以与下一个绩效周期的绩效计划面谈合并在一起进行。

（四）绩效反馈与面谈的原则

当主管和员工准备好关于反馈面谈的资料以后，主管和员工按照原计划在预定的时间和地点，遵循科学的原则，就可以有效地进行反馈和面谈。一般来讲，在绩效考核反馈与面谈时应遵循的原则有以下几条：

1.建立并维护彼此之间的信任

信任可以理解为一种适合面谈的气氛。首先，面谈的地点非常重要，必须在一个使彼此都能感到轻松的场合。噪声一定要极小，没有第三者可以看到面谈的两人。要使员工感到自在，主管所说的话或是动作要使双方能顺利沟通，使员工能无拘无束、坦诚地表达意见。此时，来一杯咖啡或红茶有助于制造良好的气氛。

在面谈时，一定要以一些称赞和鼓励的话打开局面，这种称赞和鼓励可以营造一种轻松、热情、愉快及友好的氛围，使面谈在一种双方都愉快的气氛中开始。

2.清楚说明面谈的目的和作用

清楚地让员工明白此次面谈要做什么，可用较积极的字眼。让员工明确面谈目的，可以消除心中的疑虑。

3.全身心地倾听

倾听时要以员工为中心，把所有的注意力都放在员工身上，因为倾听不单是对员工的尊重，也是营造氛围、建立信任、把握问题的关键。

4.避免对立和冲突

在面谈中，员工往往有一种自卫的本能阻挡他接受不愿听的信息，甚至容易为此与主管发生冲突，如果主管利用自己的领导权威强行解决冲突，很可能会付出相当大的代价。这样可能会破坏员工与管理者之间的信任，导致以后的沟通难以做到开诚布公。

5.集中于未来而非过去

绩效管理的核心在于未来绩效的提高，而不是像反光镜那样聚焦过去。双方只有关注未来，才能使得员工真心实意地拥护并切实参与到绩效管理中来，绩效管理才是真正具有激励意义的管理。

6.集中在绩效，而不是性格特征

在绩效反馈面谈中，双方应该讨论和评估的是工作绩效，也就是工作中的一些事实表现，而不是讨论员工个人的性格。员工的性格特点不能作为评估绩效的依据；在谈到员工的主要优点和不足时，可以谈论员工的某些性格特征，但要注意这些性格特征必须是与工作绩效有关的。例如，一个员工性格有不太喜欢与人沟通的特点，这个特点使他的工作绩效因此受到影响，由于不能很好地与人沟通，影响了必要工作信息的获得，也不能得到他人很好的配合，从而影响了绩效。这样关键性的影响绩效的性格特征还是应该指出来的。

7.找出双方待改进的地方，制定具体的改进措施

沟通的目的主要在于未来如何改进和提高工作绩效，改进包括下一阶段绩效目标的确定，以及与员工订立发展目标。

8.该结束时立刻结束

如果认为面谈该结束时，不管进行到什么程度都不要迟疑。下面的情况有任何一种出现均要停止面谈：彼此信任的关系瓦解了；部属或主管急于前往某个地方；下班时间到了；面带倦容；等等。此时，如果预定的目标没能在结束之前达到，也要立即停止面谈，等下一次再进行。

9.以积极的方式结束面谈

要使下属离开时满怀积极的意念，不要使员工只看到消极的一面，而怀着不满的情绪离去。

二、绩效考核面谈的准备

在准备工作绩效考核交谈时，需要做三件事情：

（一）要对工作绩效考核的资料进行整理和分析

对即将接受面谈的员工的工作描述进行研究，将员工的实际工作绩效与绩效标准加以对比，并对员工原来的工作绩效评价档案进行审查。

（二）给员工较充分的准备时间

应至少提前一周通知员工，使其有时间对自己的工作进行审查、反思；阅读他们对自己工作的描述；分析自己工作中存在的问题，收集需要提出的问题和意见。

（三）面谈时间和地点的选择

应当找一个对双方来说都比较方便的时间来进行面谈，以便为整个面谈过程留有一段较为充裕的时间。通常情况下，与办公室工人和维护工人进行面谈的时间不应该超过一个小时，而与管理层级的人员进行面谈则常常要进行 2～3 个小时。不仅如此，面谈地点环境应相对安静，以免面谈被电话或来访者打扰。

三、绩效面谈的要点

在进行工作绩效考核面谈时，应当牢记以下几个要点：

（一）谈话要直接具体

交谈要根据客观的、能够反映员工工作情况的资料来进行。这些资料包括：缺勤、迟到、质量记录、检查报告、残次品或废品率、订货处理、生产率记录、使用或消耗的原料、任务或计划的按时完成情况、成本控制和减少程度、差错率、实际成本与预算成本的对比、顾客投诉、产品退回、订货处理时间、库存水平及其精确度、事故报告等。

（二）不要直接指责员工

例如，不要对员工说："你递交报告的速度太慢了。"相反，你应当试图将员工的实际工作绩效与绩效标准进行对比（如"这些报告通常应当在 10 天内递交上来"）。同样，也不要将员工个人的工作绩效与他人的工作绩效进行对比。

（三）鼓励员工多说话

应当注意停下来听员工正在说什么，多提一些开放式的问题，如"你认为应当采取何种行动才能改善当前的这种状况呢？"还可以使用一些带有命令性质的话，如"请继续说下去"或"请再告诉我一些更多的事情"等；还可以将员工所表述的最后一点作为一个问题提出来。

第四章　薪酬管理

第一节　薪酬管理概论

一、薪酬的概念

（一）报酬与薪酬

1.报酬

报酬是员工完成一定任务后，所获得的一切有形和无形的待遇。通常情况下，将一位员工为某一个组织工作而获得的各种他认为有价值的东西统称为报酬。

2.薪酬

薪酬，泛指员工向用人单位让渡自己的劳动而获得的各种形式的报酬，包括薪资、福利和保险等各种直接或间接的报酬，其实质是一种公平的交易。薪酬有不同的表现形式，如精神的与物质的、有形的与无形的、货币的与非货币的、内在的与外在的等。

（二）薪酬的相关概念

1.薪资

薪资即薪金、工资的简称。薪金通常是指支付给以脑力劳动为主的白领或金领阶层的，以较长时间为单位计算的员工劳动报酬，一般支付周期较长，如月薪、年薪，国内常使用"薪水"一词。工资通常指支付给以体力劳动为主的蓝领阶层的，以工时或完成产品的件数计算的员工应当获得的劳动报酬，一般支付周期较短，如计时工资（小时、日、周工资）或计件工资。

2.收入

收入指员工所获得的全部报酬，包括薪资、奖金、津贴和加班费等项目的总和。

3.薪给

薪给主要取支付的含义，分为工资和薪金两种形式。

4.奖励

奖励指员工超额劳动的报酬，如红利、佣金、利润分享等。

5.福利

福利指公司为每个员工提供的福利项目，如带薪年假、各种保险等。

6.分配

社会在一定时期内对新创造的产品或价值即国民收入的分配，包括初次分配和再分配（或二次分配）。

二、薪酬的构成

总薪酬有时也称全面薪酬，它概括了各种形式的薪酬和福利，既包括基本薪酬、绩效薪酬、福利和服务，还包括一次性奖金、股票期权等其他多种经济性报酬。其中最重要的三个组成部分即基本薪酬、绩效薪酬以及福利和服务。

（一）基本薪酬

基本薪酬是指一个组织根据员工所承担或完成的工作本身，或者是员工所具备的完成工作的技能或能力而向员工支付的相对稳定的经济性报酬。

（二）绩效薪酬

绩效薪酬是薪酬系统中与绩效直接挂钩的经济性报酬，有时也称浮动薪酬或奖金。绩效薪酬的目的是在绩效和薪酬之间建立起直接联系，这种业绩既可以是员工个人的业绩，也可以是组织中某一业务单位、员工群体、团队甚至整个公司的业绩。

（三）福利和服务

福利和服务不是以员工向组织提供的工作时间为计算单位的，它一般包括非工作时间付薪、向员工个人及家庭提供的服务、健康及医疗保健、人寿保险以及法定和补充养老金等。福利通常可以划分为法定福利和企业自主福利两大类。

三、薪酬的实质

从某种意义上说，薪酬是组织对员工的贡献，包括员工的态度、行为和业绩等所给予的各种回报，其实质是一种公平的交易。从广义上来说，薪酬既包括工资、奖金、休假等外部回报，也包括参与决策、承担更大的责任、归属感和挑战性的工作等内部回报。

外部回报是指员工因为雇佣关系从自身以外所得到的各种形式的回报，也称外部薪酬。外部薪酬包括直接薪酬和间接薪酬。直接薪酬是员工薪酬的主要组成部分，既包括员工的基本薪酬，即基本工资，如周薪、月薪、年薪等；也包括员工的激励薪酬，如绩效工资、红利和利润分享等。间接薪酬，即福利，包括公司向员工提供的各种保险、非工作日工资、额外的津贴和其他服务，如单身公寓、免费工作餐、子女入托、老人护理和带薪假期等。

内部回报指员工在心理上能感受到的回报，主要体现为一些关于社会和心理方面的回报。内部回报包括参与企业决策，获得更大的工作空间或权限、更大的责任、更有趣的工作、融洽的同事关系、个人成长的机会和活动的多样化等。内部回报往往看不见，也摸不着，不是简单的物质付出，对于企业来说，如果运用得当，就能对员工产生较大的激励作用。然而，在管理实践中内部回报方式经常会被管理者所忽视。管理者应当认识到内部回报的重要性并将之合理地运用。

四、薪酬的职能

薪酬职能是指薪酬在运用过程中具体功能的体现和表现，是薪酬管理的核心，包括补偿职能、激励职能、调节职能、效益职能和统计监督职能。

（一）补偿职能

在劳动过程中，职工的体力与脑力的消耗必须得到补偿，以保证劳动力的再生产，劳动才能继续进行，社会才能不断得到进步和发展。为了提高劳动力素质，需要对职工进行教育投资。在进行教育投资的过程中，所投入的费用需要得到补偿，否则就没有人愿意再对教育进行投资，从而劳动力素质就难以得到提高，进而会影响社会的进步和发展。

（二）激励职能

薪酬制定得公平与否，直接影响员工的工作积极性。薪酬的激励职能的典型表现是对奖金的分配。奖金是对工作表现好的员工的一种奖励，也是对有效超额劳动的补偿，对员工有很大的激励作用。

（三）调节职能

薪酬的调节职能主要表现为引导劳动者合理流动。在劳动力市场中，劳动力供求的短期决定因素是薪酬。薪酬高，劳动供给数量就多；薪酬低，劳动力供给数量就少。

（四）效益职能

从企业角度来看，薪酬具有效益职能。薪酬对企业来说是劳动的价格，是投入的可变成本。所以，不能将企业的薪酬投入仅看成货币投入。薪酬是资本金投入的特定形式，是投入活劳动（通过劳动力）这一生产要素的货币表现。因此，薪酬投入也就是劳动投入，而劳动是经济效益的源泉。此外，薪酬对劳动者来说是收入，是生活资料的来源。

（五）统计监督职能

薪酬是按劳动数量与质量进行分配的，所以，薪酬可以反映出劳动者向社会提供的劳动量（劳动贡献）。薪酬是按一定价格来购买与其劳动支出量相当的消费资料的，所以，薪酬还可以反映出劳动者的消费水平。因此，通过薪酬就把劳动量与消费量直接联系起来了。

五、薪酬管理的目标

薪酬管理是指根据企业总体发展战略的要求，通过管理制度的设计与完善，薪酬激励计划的编制与实施，最大限度地发挥各种薪酬形式如工资、奖金和福利等的激励作用，为企业创造更大的价值。进行薪酬管理，要达到以下目标：

第一，保证薪酬在劳动力市场上具有竞争性，吸引并留住优秀人才。

第二，对各类员工的贡献给予充分肯定，使员工及时得到相应的回报。

第三，合理控制企业人工成本，提高劳动生产效率，增强企业产品的竞争力。

第四，通过薪酬激励机制的确立，将企业与员工长期、中短期经济利益有机地结合在起来，促进公司与员工结成利益关系共同体，谋求员工与企业的共同发展。

六、薪酬管理的原则

薪酬管理的原则是企业价值观的体现。薪酬管理的原则能让员工明白：企业为什么提供薪酬，员工的什么行为或结果是企业非常关注的，员工的薪酬构成是为了对员工的什么行为或结果产生影响，员工在哪些方面有提高时才能获得更高的薪酬等。目前，企业普遍认为进行有效的薪酬管理应遵循以下原则：

（一）对外具有竞争性原则

支付符合劳动力市场水平的薪酬，确保企业的薪酬水平与同行业、类似企业的薪酬水平相当。虽然不一定完全相同，但是相差不宜过大，否则薪酬太低会使企业对人才失去吸引力。

（二）对内具有公平性原则

支付相当于员工岗位价值的薪酬。在企业内部，不同岗位的薪酬水平应当与这些岗位对企业的贡献相一致，否则会影响员工的工作积极性。薪酬的设定应该对岗不对人。无论男女老少在同一岗位上工作都应当享受同等的薪酬，即同工同酬。该原则的前提是每个员工都是按照岗位说明书经过严格的筛选被分配到该岗位的，岗位与员工匹配程度高。

（三）激励性原则

适当拉开员工之间的薪酬差距。根据员工的实际贡献付薪，并且适当拉开薪酬差距，使不同业绩的员工能在心理上觉察到这个差距，并产生激励作用。让业绩好的员工认为得到了鼓励，业绩差的员工知道怎么去改进，以获得更好的回报。

（四）经济性原则

在实现前面三个基本原则的前提下，企业应当充分考虑自己的经营状况和实际的支付能力，根据企业的实际情况，对人工成本进行必要的控制。

（五）合法性原则

企业报酬制度必须符合国家的政策法律。由于中国法治建设起步较晚，现仍处于不断充实完善的阶段，所以有关劳动工资的正式立法还不多，但不是完全没有。

第二节　薪酬管理的主要内容

概括来说，薪酬管理包括薪酬制度设计和薪酬日常管理两个方面。薪酬制度设计主要是指薪酬策略设计、薪酬体系设计、薪酬水平设计、薪酬结构设计等。薪酬制度设计是薪酬管理最基础的工作，如果薪酬制度有问题，企业薪酬管理不可能实现预定目标。薪酬日常管理是由薪酬预算、薪酬支付、薪酬调整组成的循环，这个循环可以称为薪酬成本管理循环。薪酬制度建立起来后，应密切关注薪酬日常管理中存在的问题，及时调整公司薪酬策略，调整薪酬水平、薪酬结构以及薪酬体系以实现效率、公平、合法的薪酬目标，从而保证公司发展战略的实现。薪酬管理具体包括以下内容：

一、环境分析

环境分析就是通过调查分析，了解企业所处的内外环境的现状和发展趋势，是薪酬管理的前提和基础。环境分析是一项复杂而重要的工作。说复杂是因为企业所处的环境非常复杂，不仅包括由经济、社会、生活水平、国家政治法律、产业政策、劳动供给和失业率等因素构成的外部环境，还包括由企业的性质、规模、发展阶段、企业文化、组织结构、工作特征、员工素质等因素构成的内部环境。而且，每一种环境因素又处于一种动态的发展过程之中。这就要求企业不仅要清楚这些环境因素的现实状况，还要根据各自变化的规律对其未来的情况做出准确的预测。

环境分析是薪酬管理的首要步骤，它为后面几个步骤提供了重要的基础性材料。所以，环境分析的质量直接影响薪酬策略的选择、工作分析以及岗位评价等重要过程的工作质量。一个好的薪酬体系必须表现出与环境之间的动态适应性。可以说，薪酬环境分析关系到企业薪酬目标的实现。尤其对于那些处在创业期的企业，能否准确地分析和预测环境，不仅关系到能否吸引和留住人才，更决定着企业的发展命运。

二、岗位评价

（一）岗位评价的含义

岗位评价又称职位评估、工作评估或岗位测评，是在工作分析的基础上，对工作岗位的责任大小、工作强度、工作复杂性、所需资格条件等特性进行评价，以确定岗位相对价值的过程。在对企业所有岗位的相对价值进行科学分析的基础上，通过排列法、配对比较法和要素计点法等对岗位进行排序。岗位评价是新型薪酬管理的关键环节，要充分发挥薪酬机制的激励和约束作用，最大限度地调动员工的主动性、积极性和创造性。在设计企业的薪酬体系时就必须进行岗位评价。岗位评价解决的是薪酬的内部公平性问题。

（二）岗位评价的方法

1.排列法

排列法是采用非分析和非定量的方法，由评定人员凭着自己的判断，根据工作岗位的相对价值按高低次序进行排列，从而确定某个工作岗位与其他工作岗位的关系。排列法是一种最为简单、最易操作的岗位评价方法。

（1）排列法的优点

第一，简便易行。第二，作为一个整体对各岗位进行评定，避免了因工作要素分解而引起的矛盾和争论。第三，直观，适用于岗位数量不多的测评。

（2）排列法的缺点

第一，在工作岗位数量较多且不相近时，难以找到熟悉所有工作内容的评定人员。第二，评价比较主观，缺乏严格、科学的评判标准，评价结果弹性大，易受到其他因素的干扰。第三，排列法本身并不能为等级划分提供依据，且无法衡量工作等级之间的差异程度。第四，只适用生产单一且岗位较少的中小企业。

2.配对比较法

配对比较法也称相互比较法，就是将所有要进行评价的职位并列在一起，两两配对比较，价值较高者可得 1 分，最后将各职位所得分数相加，其中分数最高者即等级最高者，按分数高低顺序将职位进行排列，即可划定职位等级。通过计算平均序数，便可得出岗位相对价值的次序。

3.要素计点法

（1）要素计点法的含义

要素计点法又称点数加权法或点数法，是目前大多数国家最常用的方法。这种方法预先选定若干关键性薪酬因素，并对每个因素的不同水平进行界定，同时给各水平赋予一定分值，这个分值也称为"点数"，然后按照这些要素对职位进行评估，得出每个职位的总点数。

（2）要素计点法的优点

第一，主观随意性较小，可靠性强。第二，相对客观的标准使评估结果更易于被人接受。第三，通俗，易于推广。第四，可使用统计方法来分析数据。

（3）要素计点法的缺点

第一，费时，需投入大量人力。第二，因素定义和权重确定有一定技术难度。第三，方法并不完全客观、科学，因素的选择、等级的定义和因素权重的确定在一定程度上受主观因素的影响。第四，该方法适用于大型企业，对中小企业来说，可能不是最好的办法。

三、薪酬调查

薪酬调查指一个组织通过收集信息来判断其他组织所支付的薪酬状况的系统过程，这种调查能够向实施调查的组织提供市场上的各种相关组织（有时也包括竞争对手）向员工支付的薪酬水平和薪酬结构等方面的信息。

企业在设计薪酬体系时，在薪酬体系设计之初进行详细的薪酬市场调查，摸清行情，相机而动。只有这样，才能保证设计的薪酬体系具有激励性和吸引力，才能真正发挥薪酬这把双刃剑的作用。

四、制定薪酬策略

薪酬策略是有关薪酬分配的原则、标准、薪酬总体水平的政策和策略。应在对组织环境进行系统分析的基础上，明确怎样的薪酬策略才符合企业的实际情况和企业战略的要求。企业设计薪酬首先必须在发展战略的指导下制定企业的薪酬策略，企业薪酬策略的制定包括薪酬水平策略和薪酬结构策略两个方面。

（一）薪酬水平策略

薪酬水平是指组织整体的平均薪酬水平，包括各部门、各岗位薪酬在市场薪酬中的位置。薪酬的水平策略主要是制定企业相对于当地市场薪酬行情和竞争对手薪酬水平的策略。供企业选择的薪酬水平策略有以下几种。

1.市场领先策略

采用这种薪酬策略的企业，薪酬水平在同行业中是处于领先地位的。市场领先策略一般基于以下几点考虑：

第一，市场处于扩张期，有很多的市场机会和成长空间，对高素质人才需求迫切。

第二，企业处于高速成长期，薪酬的支付能力比较强。

第三，在同行业的市场中处于领导地位。

第四，经济处于繁荣期。

2.市场跟随策略

采用这种策略的企业，一般都建立或找准了自己的标杆企业，并将企业的经营与管理模式向标杆企业看齐，薪酬水平跟标杆企业的差不多。当企业也处于经济发展的平稳期时，企业的战略在稳定战略的前提下，适合采用市场跟随策略。

3.市场滞后策略

市场滞后策略即企业在制定薪酬水平策略时不考虑市场和竞争对手的薪酬水平，只考虑尽可能地节约企业生产、经营和管理的成本，这种企业的薪酬水平一般比较低。采用这种薪酬水平的企业一般实行成本领先战略，当经济处于萧条期时，企业处于初创或转型期，甚至处于衰退阶段。

4.混合薪酬策略

混合薪酬策略就是在企业中针对不同的部门、不同的岗位、不同的人才，采用不同的薪酬策略。比如，对于企业核心与关键性人才及岗位采用市场领先薪酬策略，而对一般的人才、普通的岗位采用非领先的薪酬水平策略。

企业要明确界定各类员工的薪酬水平，以实现员工与企业之间公平的价值交换，这是薪酬管理的重要内容。其基本原则是按照员工对企业的贡献大小确定不同的薪酬水平。同时，为了体现薪酬管理对外竞争性的基本原则，还必须根据劳动力市场的供求关系以及社会消费水平的变化，及时对企业员工的总体薪酬水平适时地进行调整。

（二）薪酬结构策略

市场薪酬调查的目的，就是为企业确定薪酬结构和薪酬水平提供参考。薪酬结构是薪酬体系的骨架，有广义和狭义之分。狭义的薪酬结构是指同一组织内部不同岗位薪酬水平的对比关系，广义的薪酬结构还包括不同薪酬形式在薪酬总额中的比例关系，如基本薪酬与可变薪酬、福利薪酬之间的不同薪酬组合。薪酬结构主要是指企业总体薪酬所包含的固定部分薪酬（主要指基本工资）和浮动部分薪酬（主要指奖金和绩效薪酬）所占的比例。

五、设定薪酬等级

薪酬变动范围又称薪酬区间，指在某一薪酬等级内部允许薪酬变动的最大幅度。薪酬变动范围反映的是在同一薪酬等级内部，最低薪酬水平和最高薪酬水平之间的绝对差距问题。

等级划分的数目受组织的规模和工作性质的影响，没有绝对的标准。一般来说，等级数目少，薪酬宽度大，员工晋升就慢，激励效果也差；等级数目多，岗位层次多，管理成本就会增加。可见，薪酬等级与组织结构密切相关，薪酬等级的确定必须考虑组织的结构因素。宽带薪酬模式就是一种与企业组织扁平化相适应的新型设计。

六、设计薪酬体系

（一）薪酬体系的概念

薪酬体系是指薪酬中相互联系、相互制约、相互补充的各个构成要素形成的有机统一体，其基本模式包括基本工资、津贴、奖金、福利、保险等形式。薪酬体系一般来说是指支付薪酬基准，即绝对本薪（基本工资）的根据是什么，按其差异可区分薪酬性质和特征。可见，狭义的薪酬体系决策的主要任务是确定企业基本薪酬的依据。企业可以从职位、技能、能力三个要素中选择其一作为确定薪酬体系的依据。企业可以只选用一种薪酬结构，也可能同时使用两种或三种薪酬体系，如对生产人员、职能管理人员、技术研发人员和销售人员采用不同的薪酬体系等。

（二）薪酬体系的类型

薪酬体系要体现公平性和激励性，要能够激发员工的积极性和创造性。选择何种类型的薪酬体系，取决于企业所面对的多种内外部因素。目前，通行的薪酬体系类型主要有岗位薪酬体系、技能薪酬体系和绩效薪酬体系三种：

1.岗位薪酬体系

岗位薪酬体系是应用最为广泛，同时也是最为稳定的薪酬体系类型。所谓岗位薪酬体系，就是组织根据员工的不同岗位特征来确定其薪酬等级与薪酬水平。岗位薪酬体系以岗位为核心要素，建立在对岗位的客观评价基础之上，对事不对人，能充分体现公平性，操作起来相对比较简单。企业如果岗位明晰，职责清楚，工作程序性较强，那么就比较适宜采用岗位薪酬体系。

2.技能薪酬体系

随着人力资源被提升到战略地位的高度，人才竞争日趋激烈，企业的生存越来越取决于员工的素质能力和聪明才智的发挥。为了增强对人才的吸引力，充分发挥各类人才的工作积极性和潜力，一些企业转而把与企业发展息息相关的员工技术和能力水平作为薪酬等级和水平的确定依据，这时候，技能薪酬体系便应运而生。技能薪酬体系又可分技术薪酬体系和能力薪酬体系两种类型：

第一，技术薪酬体系。技术薪酬体系是指组织根据员工所掌握的与工作有关的技术或知识的广度和深度来确定员工薪酬等级和水平。这种薪酬体系根据员工的技术状况来决定个人的薪酬等级与水平，能够吸引和留住高技能水平的员工，也有利于激发这些员工的学习积极性和潜力。对于科技型企业或专业技术要求较高的部门和岗位，这种薪酬体系具有较强的适用性。

第二，能力薪酬体系。能力薪酬体系是以员工个人能力状况为依据来确定薪酬等级与薪酬水平的。这种制度适用于企业中的中高层管理者和某些专家，他们所从事的工作往往难以用职位说明书来进行清晰地描述，工作具有很强的创造性、不可预测性和非常规性，工作目标的实现更多地依赖于个人的综合能力。这里说的能力是一种抽象的、综合性的概念，在不同的组织中会具体体现为领导力、组织协调能力、控制能力、决策能力等各种具体能力特征的组合，因而在实际工作中，要设计和建立比较完整的能力薪酬体系是比较困难的。

3.绩效薪酬体系

绩效薪酬体系，是组织将员工个人或者团体的工作绩效与薪酬联系起来，根据绩效水平确定薪酬结构和薪酬水平。员工工作绩效主要体现为完成工作的数量和质量，所产生的收益以及对企业的贡献。在绩效薪酬体系下，企业需要建立一套客观、公正的绩效考核体系。因此，这种薪酬体系主要适用于工作程序性、规则性较强，绩效容易量化的岗位或团队，以便能够清楚地将绩效与薪酬挂钩。目前，绩效薪酬体系多以个人绩效为基础。这种模式操作简便，有利于增强个人的工作积极性。企业也可以以团队为基础建立绩效薪酬模式，这种做法既体现了组织发展的趋势和要求，又有利于强化组织内部的沟通与合作。

上述三种类型的薪酬体系各有利弊。在进行薪酬体系的选择与设计时，主要看这种薪酬体系能否与企业的内外环境相适应，能否有利于激发员工的工作热情，能否提高企业的竞争力，能否有助于企业战略目标的实现。对于规模庞大且构成复杂的企业，在进行薪酬体系设计时，可同时采用多种薪酬体系。

（三）薪酬体系设计

1.岗位薪酬体系设计

岗位薪酬体系，是根据每个岗位的相对价值来确定薪酬等级，通过市场薪酬水平调查来确定每个等级的薪酬幅度。这种薪酬体系的基本思想是：不同的岗位有不同的相对价值，相对价值越高的岗位对企业的贡献就越大，因而就应该获得较高的报酬。实行岗位薪酬体系的企业要求岗位说明书清楚明晰、组织环境稳定、工作对象比较固定。设计岗位薪酬体系的关键在于科学合理地确定能够反映岗位相对价值的因素、指标和权重，并对每个岗位所包含的价值进行客观评价。

岗位薪酬体系以岗位评价为基础，其优点非常明显，不仅容易实现同岗同薪，凸显公平性，也便于按岗位进行系统管理，管理成本较低。当然，这种岗位薪酬体系也为员工的发展规划出一条清晰的路线，从一定意义上来讲，也有助于员工的发展。但是，这种过于清晰的、单一化的晋升路线容易忽略员工的个性特征，因此，也容易错误地引导员工盲目地追求岗位的晋升，从而影响员工个人的职业生涯发展。特别是那些技术类的员工，一旦晋升到一定的职位，就再也没有上升的空间。这种薪酬体系的不足还表现为另外两个方面：一是岗位薪酬体系直接与岗位挂钩，忽视同一岗位可能存在的绩效差异，可能会挫伤许多员工的工作热情和积极性；二是岗位薪酬体系属于高稳定薪酬模式，这种模式虽然可使员工获得比较强的安全感，但缺乏对员工的有效激励，还在一定程度上加剧了组织缺乏灵活性和弹性的现象。

岗位薪酬与组织结构、岗位设置、岗位特征密切相关，实质上是一种等级薪酬。岗位薪酬体系首先要对每个岗位所要求的知识、技能以及职责等因素的价值进行评估，根据评估结果将岗位分成不同的薪酬等级，每个薪酬等级包含若干个综合价值相近的岗位，再经过市场薪酬调查来确定适合本企业的薪酬水平，按职位的权重对应不同的薪酬等级，从而形成"薪酬金字塔"。

2.技能薪酬体系设计

技能薪酬体系以员工所掌握的与职位相关的知识和技术的深度与广度为依据来确

定薪酬等级和薪酬水平的。要采用技能薪酬体系,企业必须首先建立一套技能水平评估标准,员工薪酬随着技能等级的变化而变化。技能薪酬本质上是一种激励薪酬,能够刺激员工不断扩展知识、技能的深度和广度,最终有利于企业绩效的提高。随着员工知识、技能的深化和扩展,其工作面也将变得开阔,每人都能成为多面手,岗位调动比较容易。但是,盲目地参加培训和学习深造会增加人力资源管理的成本,也容易造成人才、知识的浪费。技能薪酬体系的设计程序如同岗位薪酬体系的设计过程,只不过它是以技能为分析、评价对象,结果是得出对应不同薪酬水平的技能等级。

技能分析是对某个工作所需技能信息进行收集和分析,技能评估就是获得不同技能相对价值的过程。技能评估以技能分析为基础,因此,技能分析的内容决定着技能评估的合理性、真实性,决定着技能薪酬体系运作的有效性。对技能的分析要能体现不同薪酬等级所要求具备的技能的种类、数量和质量。

七、制定薪酬制度

薪酬体系设计完成之后必须将之制度化、标准化,成为企业薪酬制度。通过实施薪酬制度才能实现薪酬的战略及目标。在正式实施之前,企业要对将要实施的薪酬结构和水平进行必要的宣传,并且注重和员工特别是中层人员进行有效沟通,以广泛征求意见,为薪酬制度的实施做好充分的准备。

企业薪酬制度设计是企业薪酬管理的一项重要任务。不同的企业薪酬制度有不同的适用对象和范围,关键是要选择与企业总体发展战略以及实际情况相适应的薪酬制度。

第三节　员工福利

一、福利的含义和特点

在企业员工的薪酬体系中，除了基本工资和绩效工资，还有比较重要的一部分内容就是福利。所谓福利，就是企业向所有员工提供的，用来创造良好工作环境和方便员工生活的间接薪酬，一般包括健康保险、带薪假期或退休金等形式。与基本工资、绩效工资和奖金相比，福利具有以下特点：

（一）稳定性

与企业薪酬的其他部分相比，福利项目具有更大的稳定性，一般在薪酬制度确定以后，很难更改或取消。

（二）潜在性

福利消费具有一定的潜在性。基本工资、绩效工资以及奖金是员工能拿到手中的货币支付工资，而福利则是员工所消费或享受到的物质或者服务。所以，员工可能会低估企业的福利成本，并抱怨其某些要求得不到满足。同样，管理人员也可能意识不到福利的成本及其作用。

（三）延迟性

福利中的很多项目是免税的或者税收是延迟的。这在无形中减少了企业的开支，使企业能把更多的资金用在改进工作效率或者改善工作条件上，提高员工的福利水平。

二、福利的本质

福利本质上是一种补充性报酬，往往不以货币形式直接支付给员工，而是以服务或实物的形式支付给员工，如带薪休假、成本价的住房、子女教育津贴等。福利有多种形式，包括全员性福利、特殊福利和困难补助。内容不同的福利，在形式上也是不同的。其中，全员性福利针对所有的员工，如子女的教育津贴；而特殊福利只针对某一些群体，如只给部门经理级以上员工报销手机费。困难补助是针对有特殊困难的员工，如给身患癌症的员工发一些慰问金。

三、福利的种类

福利自身包含的项目较多，从不同的角度可以对福利进行多种分类：

（一）依据福利的表现形式分类

依据福利的表现形式，福利可以分为经济性福利和非经济性福利。前者包括企业支付的各种保险项目、住房补贴等；后者主要表现为职业培训、职业生涯设计、良好的工作环境等。

（二）依据福利的灵活性分类

依据福利的灵活性，福利可以分为固定福利和弹性福利。固定福利设定后，员工没有选择的余地；而在弹性福利计划下，员工可以根据自己的偏好在一定范围内灵活选择。

（三）依据福利项目是否具有法律强制力分类

依据福利项目是否具有法律强制力，可以将福利分为法定福利和企业自主福利。法定福利主要包括基本养老保险、基本医疗保险、失业保险、工伤保险、生育保险和住房公积金、法定假期。企业自主福利是在国家强制之外由企业提供的福利项目，包括企业年金、团体人寿保险、补充医疗保险、弹性福利和其他福利。

1.法定福利

所谓法定福利，是由国家相关法律和法规规定的福利内容。中国法定福利主要包括社会保险和法定休假。国家法定福利具有强制性，任何企业都必须执行。

（1）养老保险

养老保险制度是国家或社会根据一定的法律和法规，为保障劳动者在达到国家规定的解除劳动义务的劳动年龄界限，或因年老丧失劳动能力、退出劳动岗位后的基本生活而建立的一种社会保险制度。养老保险具有强制性、互济性、储备性、社会性等特点。目前世界上实行养老保险制度的国家主要实行三种养老保险，即投保资助型（也叫传统型）养老保险、强制储蓄型养老保险（也称公积金模式）和国家统筹型养老保险。

（2）失业保险

失业保险又称待业保险，是指劳动者因失业而暂时中断生活来源时，在法定期间从国家或社会获得物质帮助的一种社会保险制度。失业保险制度包括国家强制性失业保险、非强制性失业保险、失业补助制度、综合性失业保险制度等。

（3）医疗保险

医疗保险是指国家立法规定并强制实施的、在人们生病或受伤后由国家或社会给予一定的物质帮助，即提供医疗服务或经济补偿的一种社会保险制度。医疗保险具有与劳动者的关系最为密切、和其他人身保险相互交织、存在独特的第三方付费制、享受待遇与缴费水平不是正相关等特点。

（4）工伤保险

工伤保险又称职业伤害保险或伤害赔偿保险，是指依法为在生产工作中遭受事故伤害和患职业性疾病的劳动者及其亲属提供医疗救治、生活保障、经济补偿、医疗和职业康复等物质帮助的一种社会保险制度。工伤保险制度有三条实施原则，即无过失补偿原则，风险分担、互助互济原则，个人不缴费的原则。

（5）生育保险

生育保险是指妇女劳动者因怀孕、分娩而暂时中断劳动时，获得生活保障和物质帮助的一种社会保险制度。实行生育保险是对妇女生育价值的认可，对于保证女职工和婴儿的身体健康，促进优生优育，真正实现男女平等具有十分重大的意义。

（6）住房公积金

住房公积金是指国家机关、国有企业、城镇集体企业、外商投资企业、城镇私营企业及其他城镇企业、事业单位、民办非企业单位、社会团体（统称单位）及其在职职工缴存的长期住房储金。

（7）法定假期

法定假期包含：公休假日、法定节假日、带薪年休假和探亲假、婚丧假、产假与配偶生育假、病假等。

2.企业自主福利

（1）企业年金

企业年金也叫企业补充养老保险，是企业及其职工在依法参加国家基本养老保险的基础上，在国家相关法律法规允许的范围内，根据本企业特点自愿建立的补充养老保险计划，是延期支付的工资收入，是员工福利制度的重要组成部分。

（2）团体人寿保险

团体人寿保险是企业为员工提供的集体福利项目，是市场经济国家比较常见的一种企业福利形式。

（3）补充医疗保险

由于国家的基本医疗保险只能满足参保人的基本医疗需要，超过基本医疗保险范围的医疗需求可以通过其他形式的医疗保险予以满足。补充医疗保险由用人单位和个人自愿参加，它能补充基本医疗保险的不足，负责封顶线以上的医疗费用开支。补充医疗保险有利于保证企业职工队伍稳定，增强企业的凝聚力和竞争力。能适应不同群体的需求，有利于建立多层次医疗保障制度。

（4）弹性福利

弹性福利是指企业在考虑员工需要的基础上，设计一套员工可以有限度地自主选择福利项目的制度。员工可以自主选择满足自己需要的福利项目，这在无形中就增加了福利对员工的价值。同时，由于给予了员工自由选择的权利，在一定程度上，员工感到自己被尊重，进而激发员工为企业的发展服务的潜能。对企业而言，这种福利制度能提高员工的满意度进而提高企业的竞争能力。不足的是，弹性福利设计起来难度比较大，管理的难度和费用都比较高。

（5）其他福利

除了以货币形式提供的福利，企业为员工和员工家庭提供旨在帮助员工克服生活困难和支持员工事业发展的福利形式。其他福利主要包括为员工提供心理咨询、家庭援助等福利安排，为员工提供定期健康检查，根据实际情况自主决定向员工提供一些其他的福利项目。由于其他福利不具有强制性，因而也没有统一的标准。常见的其他福利项目有员工个人发展福利和住房补助福利。员工个人发展福利，主要包括培训、继续教育或深造。住房补助福利是指企业可以通过向员工提供免费单身宿舍、夜班宿舍、公租房、购房利息贷款和购房补贴等解决员工的住房困难问题。此外，企业组织的集体活动、交通费补贴、午餐补贴等都是比较常见的福利项目。

第五章　人力资源劳动关系及社会保障管理实践

第一节　人力资源劳动关系管理及实践

一、劳动关系的基本理论

（一）劳动关系的概念及表现形式

1.劳动关系的概念

近年来，劳资纠纷、劳动争议时常发生，不利于建立稳定、和谐的劳动关系。劳动关系是社会生产和生活中人们相互之间最重要的联系之一。全世界大多数劳动人口正在用主要精力从事"工作"，并将"工作"作为主要收入来源。劳动关系对劳动者、企业（雇主）和整个社会有着深刻的影响。对劳动者来说，工作条件、工作性质、薪酬福利待遇将决定他们的生活水平、个人发展的机会、个人的尊严、自我认同感和身心健康；对于企业来说，员工的工作绩效、忠诚度、工资福利水平都是影响生产效率、劳动力成本、生产质量的重要因素，甚至还会影响企业的生存和发展；对整个社会而言，劳动关系还会影响经济增长、社会财富和社会收入的总量和分配，并进一步影响全体社会成员的生活质量。因而，研究劳动关系具有重要的理论和现实意义。

劳动关系是在就业组织中由雇佣行为而产生的关系，是组织管理的一个特定领域，以研究与雇佣行为管理有关的问题为核心内容。劳动关系的基本含义是指管理方与劳动者个人及团体之间产生的，由双方利益引起的，表现为合作、冲突、力量和权力关系的总和。它受一定的社会经济、技术、政策、法律制度和社会文化背景的影响。

2.劳动关系的主体

从狭义上讲，劳动关系的主体包括两方：一方是员工及以工会为主要形式的员工团体；另一方是管理方以及雇主协会组织。从广义上讲，劳动关系的主体还包括政府。在劳动关系的发展过程中，政府通过立法介入和影响劳动关系，使其调整、监督和干预作用不断增强，因而政府也是广义的劳动关系的主体。

3.劳动关系的表现形式

劳动关系既是经济关系，又是社会关系。劳动者以其符合管理方需要的工作能力从事劳动，获得报酬。同时，劳动力作为一种特殊商品，具有人身和社会属性，在获取经济利益的同时，还要从工作中获得作为人所拥有的体面尊严和满足。双方因经济目标而结合，是由处于一定社会环境下的心态、期望、人际关系、行为特征等各异的个体和人群组成的社会体系。劳动关系的本质是双方合作、冲突、力量和权力的相互交织。因此，合作、冲突、力量和权力共同构成了劳动关系的表现形式。

（1）合作

合作是指在就业组织中，双方共同生产产品和服务，并在很大程度上遵守一套既定制度和规则的行为。这些制度和规则是经过双方协商一致，以正式的集体协议或劳动合同的形式，甚至是以一种非正式的心理契约形式，规定双方的权利和义务。协议内容非常广泛，涵盖双方的行为规范、员工的薪酬福利体系、对员工的努力程度的预期、对各种违反规定行为的惩罚、有关争议的解决，以及对违纪处理和晋升提拔等的程序性规定。

（2）冲突

劳动关系双方的利益、目标和期望不可能完全一致。对于员工及工会来说，冲突的形式主要有罢工、旷工、怠工等，辞职有时也被当作一种冲突形式。对用人单位而言，冲突的形式主要有惩处或解雇不服从领导的员工。

（3）力量

力量是影响劳动关系结果的能力，是相互冲突的利益、目标和期望以某种形式表现出来的决定因素。力量分为劳动力市场的力量和双方对比关系的力量。劳动关系双方都具有这两种力量，双方选择合作还是冲突，取决于双方力量的对比。

第一，员工的力量。员工的劳动力市场力量，反映了劳动力的相对稀缺程度，是由劳动者在劳动力市场供求中的稀缺性决定的。一般而言，劳动者的技能越高，其市场力量就越强。员工的关系力量是指劳动者进入就业组织后，所具有的能够影响雇主行为的程度。

关系力量有很多种，尤以退出、罢工、岗位三种力量最为重要。退出即劳动者辞职，它会给雇主带来额外的成本，如招聘和培训顶替辞职员工的费用。罢工即劳动者停止工作，它也会给雇主带来损失或成本。岗位是指劳动者仍旧在工作岗位上，由于主观故意或疏忽而造成的雇主的损失，如员工缺勤率上升、残次产品增加，给雇主带来的生产成本的增加。

员工的行为能够导致雇主的损失，所以员工就具有关系力量。劳动力市场的力量显示了员工个人获得一份好工作的能力；而关系力量则显示了员工在雇佣关系中会得到的待遇。例如，在核电厂工作的员工的关系力量就比较强，因为在核电厂，对员工的替代需要管理方付出较高的培训费用。相反，在只需要低技术水平的服装加工厂，员工的关系力量就会较弱。因为这类员工几乎无须培训，如果他们罢工也很容易被顶替，而偷懒和怠工的影响相对也没那么重要。所以，在其他条件相同的情况下，雇主的态度会对前者更为有利，因为如果雇主不做更多的让步，就会承担更多的由于雇员的退出、罢工和怠工而带来的成本。

第二，管理方的力量。管理方也具有一定的劳动力市场力量和关系力量。管理方的劳动力市场力量是指在劳动力市场上，管理方对寻找工作的人的需求，它反映了该工作的相对稀缺程度。例如，在劳动力市场上，某个阶段对护士这一职业供不应求，那么此时对于某一医院而言，其劳动力市场的力量就要弱一些；如果秘书职业供大于求，对于招聘秘书的公司来说，其劳动力市场的力量就要强一些。

管理方的关系力量是指员工处于这种雇佣关系之后，管理方所能控制员工表现的程度。与员工的三大关系力量相对应，管理方具有退出、停工和岗位三种力量。管理方的岗位力量体现在：它具有指挥、安排员工工作的权力，如可以根据其个人的偏好来安排员工工作，使员工受到影响。而员工退出、罢工或辞职，或采取任何其他针对管理方的抵制活动，对管理方无论是否能起到作用，对员工而言都会造成损失。例如，员工会迫于保证金被没收的压力而减少其退出、罢工的可能，管理方控制员工的能力就强一些。管理方和员工具有各自的力量，双方的力量不是一成不变的，而是随着其他因素的影响消长变化。

（4）权力

权力一般指他人做决策的能力。在劳动关系中，权力往往集中在管理方，拥有权力的管理方在劳动关系中处于主导优势地位。管理方的权力包括：第一，对员工指挥和安排的权力，这是最为重要的管理方权力。第二，影响员工的行为和表现的各种方式，管理方行使这一权力，比较重要的途径是通过提供大量的资源，增强员工的认同感和工作绩效。第三，其他相当广泛的决策内容，包括产品的研发设计、对工厂和设备的投资、制定预算，以及其他与组织的生存和发展、与就业岗位有关的决策等。

由于这和向管理方倾斜的权力的存在，管理方在劳动关系中处于优势地位。但这种优势地位并不是绝对的，在某些时间和场合会发生逆转。同样，这种优势地位也不是无可非议的，当员工认为这些权力不是法律赋予的，或与工人遵守的基本准则不一致，或者无法理解、感到不公平时，员工会采取辞职、罢工或怠工等行为。通常，管理方为保证其优势权力，会采取恩威并施的办法。同时，这种权力在多数国家也在一定程度上受到法律的保护。

（二）劳动法——调整劳动关系的法律

1.劳动法与劳动关系

（1）劳动法的概念

劳动法是指调整特定劳动关系及其与劳工关系密切联系的社会关系的法律规范的总称。劳动法所研究的劳动是职业性的、有偿的和基于特定劳动关系发生的社会劳动、劳动条件、报酬和保险福利。劳动法决定着劳动者的生活基础，在劳动关系领域，劳动者、工会和用人单位深受法律的制约和规范。

（2）劳动法的功能

劳动关系方面的法律主要有三个功能：第一，保护劳动关系双方的自愿安排并为之提供保护，如劳动合同、集体合同制度。第二，解决纠纷。劳动法不仅赋予劳动者享有劳动权和保障权，而且还规定了保证这些权利实现的司法机制，这是民主法治的基本要求。第三，确定基本劳动标准，如最低工资、最低就业年龄、工作时间及安全卫生标准等。

（3）劳动法调整劳动关系

劳动法是通过平衡雇员和雇主双方之间的权利与义务关系从而达到调整劳动关系的目的，通过规定雇员和雇主双方的权利与义务关系，将其行为纳入法治的轨道。《中华人民共和国劳动法》规定，劳动者享有平等就业和选择职业的权利、取得劳动报酬的权利、休息休假的权利、享受社会保险和福利的权利、提请劳动争议处理的权利以及法律规定的其他劳动权利。同时，劳动者应当按时完成劳动任务，不断提高职业技能，执行劳动安全卫生规程并遵守劳动纪律和职业道德。权利与义务是一致的、相对应的。劳动者的权利，即用人单位的义务；反之，劳动者的义务，即用人单位的权利。为了强调用人单位的义务，《中华人民共和国劳动法》第四条规定："用人单位应当依法建立和完善规章制度，保障劳动者享有劳动权利和履行劳动义务。"

（4）劳动关系的调整机制

第一，法律调整机制。劳动关系在社会关系体系中居于重要地位，对劳动关系进行规范和调整，是各国劳动法的重要任务，也是劳动法产生的社会条件。劳动法在各国都是调整劳动关系的主要机制。

第二，企业内部调整机制。企业内部调整劳动关系的机制主要有：集体谈判和协商机制。谈判比较正规、严肃，一旦谈判破裂，容易发生争议行为。协商则比较灵活，气氛融洽，有缓冲的余地，它可以多层次开展，如在车间、分厂、总厂。协商的内容可以从日常生活到企业经营活动，无所不包。这种经常性的交流、沟通式的协商是融洽和稳定劳动关系的重要制度。

第三，劳动争议处理机制。通过处理劳动争议案件和不当劳动行为案件来调整劳动关系，是各国普遍采用的一种比较成熟的调整劳动关系机制。因为劳动争议是劳动关系双方发生冲突、矛盾的表现，争议的有效解决就是使劳动关系双方由矛盾、冲突达到统一、和谐。

第四，三方协商机制。在制定劳动法规、调整劳动关系、处理劳动争议和参与国际劳工会议方面，政府、雇主和雇员代表共同参与决定，互相影响和制衡，这是在调整劳动关系的实践中形成的有效机制。三方协商机制是国际通行的做法，也是国际劳工组织着重推行的基本原则。

2.工资的法律保障

（1）工资的法律含义

工资是雇员生活的主要来源，支付工资是雇主与雇员劳动义务相对应的一项重要义务。在劳动法中，工资是雇主依据国家有关规定或劳动合同约定，以货币形式直接支付给劳动者的劳动报酬。一般来说，工资总额由以下部分组成：计时工资、计件工资、奖金、津贴和补贴，加班加点工资、特殊情况下支付的工资。工资的种类可以是货币工资、实物工资和混合工资，其形式包括计时工资、计件工资、奖励工资、津贴、佣金和分红等。工资的给付水平直接决定了劳动力的成本，它是由劳动生产率、通货膨胀率和市场竞争强度决定的。在市场经济条件下，工资作为劳动合同的重要条款，是由雇员和雇主定期协商决定的。

（2）工资支付原则

第一，协商同意原则。工资应当由雇员和雇主平等地决定。当事人协商确定工资标准，是工资支付的一般原则。工资集体协商是与市场经济相适应的工资决定和制衡机制。在工资问题上，实行平等协商，可以使最敏感的问题从模糊变为公开，员工的意见通过工会与企业协商及时得到沟通，最终使矛盾得以化解。协商可以集思广益，使工资分配更加合理，从源头上避免矛盾的产生。经协商确定的工资集体协议具有法律效力，双方都要依法履行。一旦发生争议，也能依法调解。实行工资集体协商制度带来的是双赢，是实现企业的发展、员工权益的保障。

第二，平等付酬原则。男女同工同酬是《中华人民共和国劳动法》始终坚持的原则，《中华人民共和国劳动法》第四十六条规定："工资分配应当遵循按劳分配原则，实行同工同酬。工资水平在经济发展的基础上逐步提高。国家对工资总量实行宏观调控。"

第三，紧急支付原则。当劳动者遇到非常情况急需用钱时，雇主应当提前支付劳动者应得的工资。

第四，依法支付原则。依法支付原则是指要按照法律规定或合同约定的标准、时间、地点、形式和方式发放工资。

第五，工资应当以法定货币支付。工资应该以法定货币支付，不得以实物及有价证券替代货币支付。

第六，工资应当按时支付。中国劳动法规定，工资要按月支付，即按照企业规定的每月发放工资的日期支付工资。公司发放工资的时间必须在用人单位与劳动者约定的日期。如果遇节假日或休息日，则应提前在最近的工作日支付。工资至少每月支付一次，实行周、日、小时工资制的，可按周、日、小时支付。

对完成一次性、临时性劳动或某些具体工作的劳动者，用人单位应按有关协议或合同规定在其完成劳动任务后支付工资。劳动者与用人单位在依法解除或终止劳动合同时，用人单位应一次性付清劳动者工资。用人单位依法破产时，应将劳动者的工资列入清偿顺序，首先支付。

第七，工资需直接支付。工资应当支付给劳动者本人，劳动者因故不能领取工资时，可由其亲属或委托他人代领。用人单位可委托银行代发工资。支付工资时，用人单位必须书面记录支付劳动者工资的数额、时间、领取者的姓名以及签字，并保存两年以上备查，应向劳动者提供一份其个人的工资清单。

（3）工资的法律保障

第一，工资处理不受干涉。

工资处理不受干涉，指任何人不得限制和干涉雇员处理其工资的自由。雇主不得以任何方式要求甚至强迫雇员到雇主或其他任何人的商店购买商品，亦不得强迫工人接受雇主提供的劳务服务。任何限定工资使用地点和方式的协议都是非法的、无效的。

第二，禁止克扣和无故拖欠劳动者工资。

①工资不得克扣。任何组织和个人无正当理由不得克扣和拖欠劳动者工资。克扣和拖欠劳动者工资，是一种侵权行为。《中华人民共和国劳动法》第五十条规定："不得克扣或者无故拖欠劳动者的工资。"所谓克扣劳动者工资，是指在正常情况下，劳动者依法律或合同规定完成了生产工作任务，用人单位未能足额支付规定的报酬，或借故不全部支付劳动者工资。通常情况下，劳动者和用人单位在一个工资支付周期内会事先商定具体付薪时间，并形成制度，超过商定付薪时间未能支付工资就是拖欠工资。拖欠原因有的是用人单位生产经营困难，资金周转受到影响，暂时不能支付；有的则是故意延期支付。任何人不得直接或间接用武力、偷窃、恐吓、威胁、开除或其他办法，不经雇员同意，扣除其任何数量的工资，或引诱其放弃部分工资。雇员赊贷雇主的财务一般不得在工资项目中扣除，但以原价供给的生活品、房屋租金或取暖费以及为雇员利益而设定的储蓄互助金、统筹金等除外。

②扣除工资的限制。《工资支付暂行规定》第十六条规定："因劳动者本人原因给用人单位造成经济损失的，用人单位可按照劳动合同的约定要求其赔偿经济损失。经济损失的赔偿，可从劳动者本人的工资中扣除。但每月扣除的部分不得超过劳动者当月工资的20%。若扣除后的剩余工资部分低于当地月最低工资标准，则按最低工资标准支付。"

③对代扣工资的限制。《工资支付暂行规定》第十五条规定："用人单位不得克扣劳动者工资。有下列情况之一的，用人单位可以代扣劳动者工资：（一）用人单位代扣代缴的个人所得税；（二）用人单位代扣代缴的应由劳动者个人负担的各项社会保险费用；（三）法院判决、裁定中要求代扣的抚养费、赡养费；（四）法律、法规规定可以从劳动者工资中扣除的其他费用。"

第三，特殊情况下的工资支付。

特殊情况下的工资是指依法或按协议在非正常情况下，由用人单位支付给劳动者的工资。

①履行国家和社会义务期间的工资。中国法律规定，劳动者在法定工作时间内依法

参加社会活动期间，用人单位应视同其提供了正常劳动而支付工资。社会活动包括：依法行使选举权或被选举权；当选代表出席乡（镇）、区以上政府、党派、工会、青年团、妇女联合会等组织召开的会议；出任人民法庭证明人；出席劳动模范、先进工作者大会；不脱产工会基层委员会因工会活动占用的生产或工作时间；其他依法参加的社会活动。

②年休假、探亲假、婚假、丧假工资。根据《中华人民共和国劳动法》及相关规定，劳动者依法享受年休假、探亲假、婚丧假期间，用人单位应当按劳动合同规定的标准支付工资。

③延长工作时间的工资支付。《中华人民共和国劳动法》的规定："有下列情形之一的，用人单位应当按照下列标准支付高于劳动者正常工作时间工资的工资报酬：（一）安排劳动者延长工作时间的，支付不低于工资的百分之一百五十的工资报酬；（二）休息日安排劳动者工作又不能安排补休的，支付不低于工资的百分之二百的工资报酬；（三）法定休假日安排劳动者工作的，支付不低于工资的百分之三百的工资报酬。"在实践中要正确使用加班工资的规定。

④停工期间的工资。根据《工资支付暂行规定》，非因劳动者原因造成单位停工、停产在一个工资支付周期内的，用人单位应按劳动合同规定的标准支付劳动者工资。超过一个工资支付周期的，若劳动者提供了正常劳动，则支付给劳动者的劳动报酬不得低于当地的最低工资标准；若劳动者没有提供正常劳动，应按国家有关规定办理。

第四，破产时工资的优先权。

企业破产或司法清理时，劳动者对于企业破产或清理前应得的工资，享有优先清偿的权利。因为工资是劳动者以自己的劳动所获得的债款，所以比其他债款有优先享受清偿的权利。根据《工资支付暂行规定》，用人单位依法破产时，劳动者有权获得其工资。在破产清算中，用人单位应按法律规定的清偿顺序，首先支付本单位劳动者的工资。

（4）最低工资

最低工资指劳动者在法定工作时间内提供了正常劳动的前提下，其所在企业应支付的最低劳动报酬。最低工资法是国家指定的最低工资标准的法律。国家通过立法制定最低工资标准，确保用人单位支付劳动者的工资不得低于最低工资标准。最低工资法的目的在于保证劳动者的最低收入，使其得以维持生活、改善劳动条件，有利于安定工人生活，提高劳动力素质，确保企业公平竞争，同时有助于社会经济发展。最低工资法本身具有救济、援助最低工资收入者的重要作用，同时对确保社会公正也十分必要。《中华人民共和国劳动法》第四十八条明确规定："国家实行最低工资保障制度。最低工资的具体标准由省、自治区、直辖市人民政府规定，报国务院备案。"这从法律上保证了劳动者享有的最低工资保障权的实现。

3.工作时间和加班时间

（1）工作时间立法

工作时间是法律规定的劳动者每天工作的时数或每周工作的天数。工作时间是最重要的劳动条件之一，工作时间制度不仅影响劳动者工作权益，也高度影响着企业的日常经营活动，甚至影响企业的竞争力。随着全球化时代的到来，高新技术的普遍应用，以及知识经济的发展，对落实劳动者权益的保障提出了新的要求，工作时间制度弹性化是国际发展的趋势。

（2）工作时间法规

第一，标准工作日。

标准工作日是国家统一规定的。中国的标准工作日为每日工作 8 小时，每周工作 40 小时。

第二，缩短工作日。

缩短工作日是指法律规定的少于标准工作日时数的工作日，即每天工作时数少于 8 小时或者每周工作时数少于 40 小时。中国实行缩短工作日的情况主要有：①从事矿山井下、高山、严重有毒有害、特别繁重的体力劳动的劳动者。②夜班工作。③哺乳期工作的女职工。

第三，不定时工作日。

不定时工作日是指没有固定工作时间限制的工作日，主要适用于因工作性质和工作职责限制，不能实行标准工作日的劳动者。主要包括：①企业的高级管理人员、外勤人员、推销人员、部分值班人员和其他工作无法按标准工作时间衡量的职工。②企业中的长途运输人员、出租汽车司机和铁路、港口、仓库的部分装卸人员以及因工作性质特殊，需机动作业的职工。③其他因生产特点、工作特殊需要或职责范围的关系，适合实行不定时工作制的职工。

实行不定时工作日，应履行审批手续。经批准实行不定时工作日的职工，不受劳动法规定的日延长工作时间和月延长工作时间标准的限制，其工作日长度超过标准工作日的，不算作延长工作时间，也不享受超时劳动的加班报酬，但企业可以安排适当补休。

第四，弹性工作时间。

弹性工作时间是指在标准工作时间的基础上，每周的总工作时间不变，每天的工作时间在保证核心时间的前提下可以调节。

第五，计件工作时间。

计件工作时间是指以劳动者完成一定劳动定额为标准的工作时间。《中华人民共和国劳动法》规定，对实行计件工作的劳动者，用人单位应当根据标准工时制度合理地确定其劳动定额和计件报酬标准。实行计件工作的用人单位，必须以劳动者在一个标准工作日或一个标准工作周的工作时间内能够完成的计件数量为标准，合理地确定劳动者每日或每周的劳动定额。

（3）加班加点

第一，加班加点的概念。

加班加点，即延长劳动时间，是指劳动者的工作时数超过法律规定的标准工作时间。加班是指劳动者在法定节日或公休假日从事生产或工作。加点是指劳动者在标准工作日以外继续从事劳动或工作。为维护劳动者的身体健康和合法权益，国家法律法规严格限制加班加点。《中华人民共和国劳动法》第四十三条规定："用人单位不得违反本法规定延长劳动者的工作时间。"《中华人民共和国劳动法》严格限制加班加点，规定了企业在生产需要的情况下，实施加班加点的条件、时间限度和补偿方式。

第二，加班加点的工资支付。

用人单位安排劳动者延长工作时间，都应当支付高于劳动者正常工作时间的工资报酬。因为加班加点，劳动者增加了额外的工作量，付出了更多的劳动和消耗，这样规定，能够补偿劳动者的额外消耗，同时也能有效地抑制用人单位随意延长工作时间。

（4）休息休假法规

休息休假是指劳动者在国家规定的法定工作时间以外自行支配的时间。休息休假的规定是劳动者休息权的体现。根据相关法规规定，劳动者的休息时间主要有以下几种：

第一，工作日内的间歇时间。即一个工作日内给予劳动者休息和就餐的时间。

第二，两个工作日之间的休息时间。即一个工作日结束后至下一个工作日开始前的休息时间。

第三，公休假日。即工作满一个工作周以后的休息时间。中国劳动者的公休假日为两天，一般安排在周六和周日。

第四，法定休假日。即国家法律统一规定的用于开展庆祝、纪念活动的休息时间。

第五，年休假。即法律规定的劳动者工作满一定年限后，每年享有的保留工作带薪连续休假。《中华人民共和国劳动法》第四十五条规定："国家实行带薪年休假制度。

劳动者连续工作一年以上的，享受带薪年休假。"

第六，探亲假。即劳动者享有的探望与自己分居两地的配偶和父母的休息时间。

（三）劳动合同法

1.劳动合同法概述

（1）劳动合同的概念

劳动合同是劳动者和用人单位之间确立、变更和终止劳动权利和义务的协议。《中华人民共和国劳动合同法》第十六条规定："建立劳动关系应当订立劳动合同。"劳动合同是确立劳动关系的凭证，是建立劳动关系的法律形式，是维护双方合法权益的法律保障。根据劳动合同，劳动者加入企业、事业、机关、团体等用人组织内，担任一定职务或从事某种工作，并遵守所在单位的内部劳动规则和制度；用人单位按照劳动的数量和质量支付劳动报酬，依法提供劳动条件，保障劳动者依法享有劳动保护、社会保险等合法权利。

（2）劳动合同的种类

劳动合同可以按照不同的标准进行划分：

第一，按照劳动合同的期限划分。

《中华人民共和国劳动法》第二十条规定："劳动合同的期限分为有固定期限、无固定期限和以完成一定的工作为期限。劳动者在同一用人单位连续工作满十年以上，当事人双方同意续延劳动合同的，如果劳动者提出订立无固定期限的劳动合同，应当订立无固定期限的劳动合同。"劳动合同的期限是企业根据生产、工作特点和需要，合理配置人力资源的手段，也是劳动者进行职业生涯设计、分期实现就业权的方式。有固定期限的劳动合同，是指明确约定合同终止时间的合同。它可以是长期的，如 5 年或 10 年，也可以是短期的，如 1 年或 3 年。无固定期限的劳动合同，是为了保护劳动者职业的稳定和安全，防止企业只在劳动者"黄金年龄"阶段进行雇用。以完成一定的工作为期限的劳动合同，是指以完成某项工作或某项工程的日期作为合同终止日期的劳动合同。适用于建筑业、铁路交通和水利工程等。

第二，按照产生劳动合同的方式划分。

按照产生劳动合同的方式，劳动合同可分为以下三种方式：

①录用合同，指用人单位通过面向社会公开招收、择优录用的方式所签订的劳动合同。

②聘用合同，指聘用方与被聘用的劳动者之间签订的明确双方责、权、利的协议。一般用于聘请专家顾问和其他专门人才。

③借调合同，指借调单位、被借调单位与借调人员之间确立借调关系，明确相互责任、权利与义务的协议。适用于借调单位为调剂余缺、互相协作而签订的劳动合同。借调合同应明确约定借调人员借用期间的工资、社会保险（包括工伤保险）及其他福利待遇，以避免产生争议。

2.劳动合同的订立

（1）订立劳动合同的原则

《中华人民共和国劳动法》第十七条规定："订立和变更劳动合同，应当遵循平等自愿、协商一致的原则，不得违反法律、行政法规的规定。劳动合同依法订立即具有法律约束力，当事人必须履行劳动合同规定的义务。"订立劳动合同必须遵循的原则有以下两点：

第一，平等自愿，协商一致。

所谓平等，指劳动合同双方当事人在签订劳动合同时的法律地位是平等的，不存在任何依附关系，任何一方不得歧视、欺压对方。只有在法律地位平等的基础上订立、变更劳动合同条款，才具有协商的前提条件。所谓自愿，指劳动合同双方当事人应完全出于自己的意愿签订劳动合同。凡是采取强迫、欺诈，威胁或乘人之危等手段，把自己的意志强加于对方，或者所订条款与双方当事人的真实意愿不一致，都不符合自愿原则。

第二，依法订立。

依法订立，是指订立劳动合同不得违反法律、法规的规定。这是劳动合同有效并受法律保护的前提条件，也是把劳动关系纳入法治轨道的根本途径。依法订立包括：①主体合法。订立劳动合同的双方当事人必须具备法律法规规定的主体资格，劳动者这一方必须达到法定劳动年龄，具有劳动权利能力和劳动行为能力；用人单位必须具备承担合同义务的能力。②目的和内容合法。劳动合同所设定的权利义务、合同条款必须符合法律法规规定，不得以合法形式掩盖非法意图和违法行为。订立劳动合同，用人单位不得以任何形式收取抵押金、抵押物、保证金、定金及其他费用，也不得扣押劳动者的身份证及其他证明。在实践中，要特别注意劳动合同附件、企业内部规则，不得与法律法规相抵触。③程序合法。订立劳动合同要遵循法定的程序和步骤，要约和承诺要符合法律规定的要求。一些地方性法规具体规定了双方订立劳动合同的知情权，即用人单位应当如实向劳动者说明岗位用人要求、工作内容、工作时间、劳动报酬、劳动条件、社会保险等情况；劳动者有权了解用人单位的有关情况，并应当如实向用人单位提供本人的身份证和学历、就业状况、工作经历、职业技能等证明。④形式合法。劳动合同有书面形式和口头形式。中国法律规定，劳动合同应采用书面形式。劳动合同一式两份，双方当事人各执一份。

（2）订立劳动合同的程序

劳动者和用人单位在签订劳动合同时，应遵循一定的手续和步骤。签订劳动合同的程序一般有以下三点：

第一，提议。

在签订劳动合同前，劳动者或用人单位提出签订劳动合同的建议，称为要约。劳动者或用人单位接受建议并表示完全同意，称为承诺。一般由用人单位提出和起草合同草案，提供协商的文本。

第二，协商。

双方对签订劳动合同的内容进行认真磋商，包括工作任务、劳动报酬、劳动条件、内部规章、合同期限、保险福利等。协商的内容必须做到明示、清楚、具体、可行，充分表达双方的意愿和要求，经过讨论、研究，相互让步，最后达成一致意见。要约经过双方反复提出不同意见，最后在新要约的基础上表示新的承诺。在双方协商一致后，协商即告结束。

第三，签约。

在认真审阅合同文书，确认没有分歧后，用人单位的法定代表人（负责人）或者其书面委托的代理人代表用人单位与劳动者签订劳动合同。劳动合同由双方分别签字或者盖章，并加盖用人单位印章。订立劳动合同可以约定生效时间。没有约定的，以当事人签字或盖章的时间为生效时间。当事人签字或者盖章时间不一致的，以最后一方签字或者盖章的时间为准。

（3）无效劳动合同确认

无效劳动合同，是指劳动者与用人单位订立的违反劳动法律、法规的协议。无效劳动合同从订立时起就不具有法律效力，不受法律保护。无效劳动合同主要有：①以欺诈、胁迫的手段或者乘人之危，使对方在违背真实意愿的情况下订立或者变更劳动合同的。②用人单位免除自己的法定责任、排除劳动者权利的。③违反法律法规，强制性规定的。

（4）劳动合同的内容和条款

劳动合同应当具备以下条款：①用人单位的名称、住所和法定代表人或者主要负责人。②劳动者的姓名、住址和居民身份证或者其他有效身份证件号码。③劳动合同期限。④工作内容和工作地点。⑤工作时间和休息休假。⑥劳动报酬。⑦社会保险。⑧劳动保护、劳动条件和职业危害防护。⑨法律、法规规定的应当纳入劳动合同的其他事项。

劳动合同除规定的必备条款外，用人单位与劳动者还可以约定试用期、培训、保守秘密、补充保险和福利待遇等其他事项。

3.劳动合同的履行和变更

劳动合同的变更，指劳动合同在履行过程中，经双方协商一致，对合同条款进行的修改或补充，具体包括工作内容、工作地点、工资福利的变更等。劳动合同的变更，其实质是双方的权利、义务发生改变。合同变更的前提是双方原先已经存在着合法的合同关系，变更的原因是客观情况发生变化，变更的目的是继续履行合同。

劳动合同的变更一般限于内容的变更，不包括主体的变更。劳动合同依法订立后，即产生相应的法律效力，对合同当事人具有法律约束力。当事人应当按照约定履行自己的义务，不得擅自变更合同。但这并不意味着当事人就没有在合同生效后变更相应权利与义务的途径。恰恰相反，当事人既可以经自由的协商变更合同，也可以在约定或法定的条件满足时行使合同的变更权。劳动合同的变更，要遵循平等自愿、协商一致的原则，任何一方不得将自己的意志强加给对方。

（1）变更条件

订立劳动合同时所依据的法律、法规发生变化的，应当依法变更劳动合同的相关内容。订立劳动合同时所依据的客观情况发生重大变化，致使劳动合同无法履行，当事人一方要求变更其相关内容的，如企业转产、调整生产任务；劳动者部分丧失劳动能力或身体健康状况发生变化而引起的合同变更等。

用人单位发生合并或者分立等情况，原劳动合同继续有效，劳动合同由继承权利义务的用人单位继续履行。用人单位变更名称的，应当变更劳动合同的用人单位名称。

（2）变更程序

劳动合同当事人一方要求变更劳动合同相关内容的，应当将变更要求以书面形式送交另一方，另一方应当在15日内答复，逾期不答复的，视为不同意变更劳动合同。具体做法：①提出要求。向对方提出变更合同的要求和理由。②做出答复。在规定的期限内给予答复，如同意、不同意或提议再协商。③签订协议。在变更协议上签字盖章后即生效。

二、劳动关系纠纷与争议处理

（一）当前企业在薪酬管理中存在的问题

1.企业的薪酬管理与企业的发展规划分离

在薪酬管理的过程中，必须加入企业经营方针以及人力资源管理中对薪酬管理的导向性建议，否则企业薪酬计划的实施一定会出现偏差。对于企业来讲，不同的企业战略定位会直接影响企业的薪酬定位，但是就中国目前的薪酬制度来讲，大多数的企业在薪酬管理方面都采用统一的标准，这在一定程度上反映出薪酬管理制度与企业发展战略相分离的情况。对于一个已经发展成熟的企业来讲，其经营的方针以及未来的战略规划都会与其成长期呈现出一定的不同，所以其薪酬制度也应该有一定的调整，但是大多数的企业并没有因为发展阶段以及战略规划的变化而对薪酬制度进行调整。还有一些企业将股东的长期利益作为企业发展的战略规划，但是在实际的经营过程中却侧重于对企业短期业绩增长的奖励，这就造成企业的战略发展与企业的薪酬制度出现偏差。

2.企业内部存在着不公平的现象，企业缺少市场竞争力

改革开放以来，很多的行业开始实行工作岗位聘用制、责任制、承包制等用人方式，其主要目的就是想将企业的员工收入与企业的经营业绩联系在一起，但是却没有制定出公平合理的考核评价体系，即使企业尽量地做到将员工的薪酬与企业的效益挂钩，但是企业员工的工作效率仍没有得到提升。这在极大程度上对业绩管理体系功能的发挥形成了一定的影响，同时也对企业自身的业绩形成了一定的影响。此外，企业的薪酬管理体系缺少业绩管理的支撑，在企业内部并不能做到对薪酬进行公平、公正的分配，至于对员工进行激励更是不可能的。对于企业中的重要人才来讲，他们对企业的发展有着极为重要的作用，如果企业的薪酬体系不能表现出对这份人才的重视，那么这个企业所制定的薪酬管理体系就是不成功的，如果长时间得不到改善就会对企业造成很大的损失。

3.目前的薪酬管理不具备透明性

不具备透明性的薪酬管理体制有相当大的弊端，会造成企业员工之间对于薪酬的互相猜疑，其实这个薪酬的高低别人并不知道，只不过是通过猜疑所得出的结论，这就造成不满情绪的出现，对企业的人力资源管理造成巨大的压力。所以，需要适当地增强企

业薪酬管理的透明度，让企业员工参与到薪酬管理体系中去，尽量让员工参与薪酬管理体系的制定，这样可以对企业的发展起到推动作用。

4.企业薪酬体系缺乏激励性

企业在对薪酬的功能理解上常过于偏颇，只注意到薪酬的保健功能，而忽视了薪酬制度的激励功能。不管员工在工作中贡献大小、贡献多少，"上班拿钱"已成为天经地义的事。而奖金在一定程度上已失去了奖励的意义，变成了固定的附加工资。在传统的薪资制度中，定人定岗、定岗定薪已成为一个不成文的规定，要想突破以前的工资级别，只有提级。在一个固定的岗位上，员工干得再好，也不能得到大幅加薪，唯一奖励只有以奖金形式发放。在这种薪资制度下，员工所受的激励就是不遗余力地"往上爬"。工龄的增加意味着工作经验的积累与丰富，代表着能力或绩效潜能的提高。因此，工龄工资具有按绩效与贡献进行分配的性质，而实行的工龄工资是等额逐增的调整方法，显然，未尽合理。

（二）当前企业在薪酬管理上的应对措施

1.贯彻相对公平原则

内部一致性原则强调企业在设计薪酬时要一碗水端平。内部一致性原则包含三个方面：一是横向公平。即企业所有员工之间的薪酬标准、尺度应该是一致的。二是纵向公平。即企业设计薪酬时必须考虑历史的延续性，过去的投入产出比和现在乃至将来的都应该是一致的，而且还应该是有所增长的。这里涉及一个工资刚性问题，即一个企业发给员工的工资水平在正常情况下只能看涨，不能看跌，否则会引起员工很大的不满。三是外部公平。即企业的薪酬设计与同行业的同类人才相比具有一致性。

具体到该企业，建议在进行充分的调查后，确立一个能够令人信服的工资标准，包括固定工资标准和浮动工资标准。在工资表中将薪酬的组成分类具体化，对绩效考核的项目进行细化，使员工能够明白自己薪酬由哪些部分组成，金额是多少。同时要增强工资透明度，因为透明且沟通良好的薪酬制度，有利于劳资双方对薪酬的认知，加速工作绩效的增长。

2.建立完善的薪酬管理制度

建立完善的薪酬管理制度，有利于企业各部门和岗位分清职责和权限，使各种制度有章可循。注重奖惩分明，制定公开透明的业绩评价制度，工作评价要科学合理，由此建立起来的报酬制度才能公平合理。

（三）劳动争议处理

1.劳动争议的概念

劳动争议就是劳动纠纷，是指劳动关系当事人之间因劳动权利与义务发生的争执。在中国，具体指劳动者与用人单位之间，在劳动法调整范围内，因适用国家法律、法规和订立、履行、变更、终止和解除劳动合同以及其他与劳动关系直接相联系的问题而引起的纠纷。劳动争议是劳动关系不协调的表现，只有妥善、合法、公正、及时地处理劳动争议，才能维护劳动关系双方当事人的合法权益。

2.劳动争议的种类

从世界范围看，劳动争议一般分为两类：一类是个别争议，是指劳动者个人与用人单位之间的争议。另一类是因为制定或变更劳动条件而产生的争议，因为这类争议通常是多数劳动者参加，又叫集体争议。

3.劳动争议处理的基本原则

（1）着重调解、及时处理原则

调解是处理劳动争议的基本手段，贯穿于劳动争议处理的全过程。企业劳动争议调解委员会处理劳动争议的工作程序全部是进行调解。仲裁委员会和人民法院处理劳动争议，应当先行调解，在裁决和判决前还要为当事人提供一次解决争议的机会。调解应在当事人自愿的基础上进行，不得有丝毫的勉强或强制。

调解应当依法进行，包括依照实体法和程序法，不是和稀泥。对劳动争议的处理要及时。企业劳动争议调解委员会对案件调解不成，应在规定的期限内及时结案，避免当事人丧失申请仲裁的权利；劳动争议仲裁委员会对案件先行调解不成，应及时裁决；人民法院在调解不成时，应及时判决。

（2）在查清事实的基础上依法处理原则

正确处理调查取证与举证责任的关系。调查取证是劳动争议处理机构的权利和责任，举证是当事人应尽的义务和责任，两者有机结合，才能达到查清事实的目的。处理劳动争议既要依实体法，又要依程序法，而且要掌握好依法的顺序，按照"大法优于小法，后法优于先法"的顺序处理。处理劳动争议既要有原则性，又要有灵活性，坚持原则性与灵活性相结合。

（3）当事人在适用法律上一律平等原则

劳动争议当事人双方法律地位平等，具有平等的权利与义务，任何一方当事人不得有超越法律规定的特权。当事人双方在适用法律上一律平等、一视同仁，对任何一方都不偏袒、不歧视，对被侵权或受害的任何一方都同样予以保护。

4.劳动争议处理方法

用人单位与劳动者发生劳动争议，当事人可以依法申请调解、仲裁、提起诉讼，也可以协商解决。调解原则适用于仲裁和诉讼程序。解决劳动争议，应当根据合法、公正、及时处理的原则，依法维护劳动争议当事人的合法权益。

（1）调解

企业可以设立劳动争议调解委员会，负责调解本企业的劳动争议。企业劳动争议调解委员会可以调解企业与员工之间发生的下列劳动争议：①因开除、除名、辞退员工和员工辞职、自动离职发生的争议。②因执行国家有关工资、社会保险、福利、培训、劳动保护的规定发生的争议。③因履行劳动合同发生的争议。④法律规定的其他劳动争议。

企业劳动争议调解委员会由员工代表、企业代表和企业工会代表等三部分人员组成。其中，员工代表由职工代表大会推举产生。企业代表由企业行政领导指定。企业工会代表由企业工会指定。劳动争议调解委员会主任由工会代表担任。劳动争议经调解达成协议的，当事人应当履行。

企业劳动争议的处理应按规定的程序进行。首先，由劳动争议当事人口头或书面提出调解申请。申请必须在知道或应当知道其权利被侵害之日起 30 日内提出，并填写《劳动争议调解申请书》。调解委员会接到申请书后，应立即进行研究，审核该事由是否属于劳动争议，是否属于调解委员会的调解范围，调解请求与事实根据是否明确。审核研究后，是否受理，都应尽快通知提出调解申请的劳动争议当事人。调解委员会受理调解申请后，必须着手进行事实调查。调解必须在查清事实、分清是非、明确责任的基础上进行。只有查清争议事项的原委，才能分清是非、明确责任，并依此进行调解。

事实调查的主要内容包括劳动争议产生的原因、发展经过和争议问题的焦点；劳动争议所引起的后果；劳动争议的当事人双方各有什么意见和要求；劳动争议所涉及的有关人员及争议有关的其他情况；企业员工对争议的看法等。经过一定的调查准备后，劳动争议调解委员会将以会议的形式实施调解。调解会议由调解委员会主任主持，有关单位和个人可以参加调解会议，协助调解。

会议首先听取当事人双方对争议案件的陈述，然后调解委员会依据查明的事实，在分清是非的基础上，依据有关法律法规，公正地将调解意见予以公布，并听取当事人双方对调解委员会所公布的案件调查情况和调解意见的看法。在此基础上进行协商，当事人双方经协商达成一致意见，可以达成调解协议。企业调解委员会调解劳动争议未达成调解协议的，当事人可以自劳动争议发生之日起 60 日内，向仲裁委员会提出仲裁申请。无论是达成协议，还是未达成协议，都可以由调解委员会指定一至两名调解委员进行调解。

（2）仲裁

劳动争议仲裁，是指以第三者身份出现的劳动争议仲裁委员会根据劳动争议当事人的申请，依法对劳动争议做出裁决，从而解决劳动争议的一种制度。

劳动争议仲裁机关是各县、市辖区所设立的劳动争议仲裁委员会。一般来说，劳动争议仲裁程序主要分为如下四个阶段：

第一，提出仲裁申请。由劳动争议当事人向劳动争议仲裁机关提出申请，要求依法裁决，以此来保护自己的权益。提出的仲裁申请，必须符合下列条件：①申诉必须在规定的时效以内。根据相关规定，提出仲裁要求的一方应当自劳动争议发生之日起 1 年内向劳动争议仲裁委员会提出书面申请。②申诉人必须与该劳动争议有直接利害关系。③申诉人必须有明确的被诉人，以及具体的申诉请求和事实依据。④申诉的案件必须在受理申诉的劳动争议仲裁委员会的管辖范围之内。

第二，仲裁机关审查。劳动争议仲裁机关在收到当事人申请仲裁的书面申请材料后，必须进行认真的审查，符合条件的劳动争议案件，仲裁机关在收到申诉书后 7 日内，应做出决定并立案审理。

第三，立案调查取证。仲裁委员会立案受理劳动争议后，应按《中华人民共和国劳动法》及有关条例规定，组成仲裁庭，仲裁庭由三名仲裁员组成。组成仲裁庭之后，仲裁庭成员应认真审查申诉答辩材料，调查收集证据，查明争议事实。调查取证是仲裁活动的重要阶段，是弄清事实真相，明确案件性质、正确处理争议案件的前提和基础。调查主要是为了查清争议的时间、地点、原因、经过，双方争议的焦点、证据和证据的来源等。

第四，开庭审理。在调查取证的基础上，开庭审理。仲裁庭处理劳动争议，首先应当进行调解，促使当事人双方自愿达成协议。经调解达成协议的，仲裁庭制成仲裁调解书，送达双方。一经送达，调解书即具有法律效力。若不能达成调解协议，则进行仲裁庭辩论。当事人按申诉人、被申诉人的顺序，围绕争议进行辩论，仲裁员应根据情况，将辩论焦点集中在需要澄清的问题和应该核实的问题上。

为了进一步查明当事人双方的申诉请求和争议事项，还必须进行仲裁庭调查。由证人出庭作证，仲裁机关出示证据等。仲裁庭最后应根据调查结果和有关法律法规，及时做出裁决。

仲裁裁决一般应在收到仲裁申请的 60 日内做出。对仲裁裁决无异议的，当事人必须履行。劳动争议当事人对仲裁裁决不服的，可以自收到裁决书之日起 15 日以内向人民法院提起诉讼。期满不起诉的，裁决书发生法律效力。一方当事人在法定期限内不起诉又不履行仲裁裁决的，另一方当事人可以申请人民法院强制执行。

仲裁庭处理劳动争议，应从组织仲裁庭之日起 60 日内结案。案情复杂，需要延期的，报仲裁委员会批准后可以适当延长，但不得超过 30 日。

第二节　人力资源和社会保障管理及实践

一、社会救助

社会救助是对因自然灾害或其他经济、环境、社会等原因而无法维持最低生活水平的社会成员，由政府主导所进行的通过提供款物接济和扶助的一种生活保障政策。它的主要功能是为了满足贫困者及其家庭成员基本生活需要而提供的最低生活保障。在实践中，社会救助一方面依然保留并将继续保留救灾、济贫等传统项目；另一方面也在根据社会经济发展的需要不断增加新的救助项目，其内容在不断丰富和完善。

（一）社会救助的含义和作用

1.社会救助的含义

社会救助是指国家和社会主体依法对因遭受自然灾害、失去劳动能力或者其他低收入公民给予物质帮助或精神救助，来维持他们的基本生活需求，保障他们享有最低生活水平的各种措施。

社会救助的含义包括：①对每一个公民来说，社会救助是他们应享有的权利；对于国家和社会来说，社会救助是他们应尽的社会义务，这种权利与义务是通过立法确定的。

②公民只有因自然灾害或社会经济等原因造成生活困难，不能维持最低的生活水平时社会救助才发生作用。③这一项目的受益者通常是无权享受社会保险的穷人，通常包括城乡居民中的灾民和生计发生严重困难的人，以及那些在享受社会保险以后仍然生活在贫困线以下的个人和家庭。④资金主要来源于财政预算拨款、税收减免或社会捐赠。总之，社会救助具有在权利与义务方面的单向性、资金来源的单一性、享受对象的特殊性等特点。

2.社会救助的作用

社会救助与社会保险一样在社会生产和扩大再生产过程中起着重要作用。其一，保障困难群体的最低生活需求。社会救助的最根本目的是扶危济困，帮助处于困境中的社会成员减轻他们的困难程度，使他们尽快摆脱困难处境。其二，有利于稳定社会秩序。困难群体的最低生活需求得到满足有利于增强社会关系的和谐度，这为社会稳定创造了一定的条件。社会关系，尤其是经济关系的协调与和谐可以促进政治的稳定。这样，社会的各项改革才能深入下去，经济才能实现可持续发展。其三，有利于熨平经济周期。社会救助在财政政策中通常被当作自动稳定器来使用。当经济过热的时候，用于社会救助的支出会自动地减少，从而抑制经济过热的程度；当经济不景气的时候，用于社会救助的支出会自动地增加，从而抑制经济衰退的程度。可见，社会救助具有一定的自动熨平经济周期的作用。

（二）社会救助的基本内容

1.社会救助的对象

各国的社会救助制度对社会救助对象通常都会有明确的规定，即只有自我保障有困难，并且确实需要国家与社会给予救助才能摆脱生存危机或困境的社会成员，才能成为社会救助的对象。国际劳工组织认为，在工业化国家，所谓享有最低生活水平救助的对象是指那些收入相当于制造业工人平均工资30％的家庭和个人。欧洲经济合作委员会认为，如果一个成年人本人可支配收入（缴纳所得税和保险税后）低于平均收入水平的50％，则属于救助对象。各国一般是通过家庭财力（包括收入状况与资产状况）审查和就业（有劳动能力的人）审查来确认申请人领取社会救助金的资格。由于各国情况不同，加之社会救助体系日益发达，各国在救助对象上也各有不同的划分和偏重。例如，英国社会救助对象主要分为四类：一是无固定职业或就业不充分，无力定期缴纳社会保险费，因而无权享受社会保险者。二是有权领取社会保险津贴，但不足以维持最低生活者。三是领取社会保险津贴期限已满，却无其他收入者。四是未参加社会保险，生活又无着落者。中国社会救助对象主要分为三类：一是"三无"人员，即无依无靠、无生活来源、无法定抚养人的社会成员。这一群体大多属于长期被救助，即定期救助的对象，主要包括孤儿、孤老及无劳动收入和社会保险的劳动者、长期患病者以及未参加养老保险又无子女的丧偶老人。二是灾民，这类社会成员有劳动能力，也有生活收入来源，但由于遭受意外灾祸侵袭而使生活一时陷入困境，他们需要国家和社会给予相应的援助。三是贫困人口，有生活来源和相应的收入，但生活水平低于或仅相当于国家规定的最低标准的社会成员，这类人群也属于社会救助的对象。

2.社会救助标准及测量方法

实行社会救助的目的是保障社会成员享有最低生活水平。最低生活水平不能凭主观判断，而必须经过科学界定，否则社会救助的功能就不可能得到应有的发挥。同时，由于贫困救助或者低收入家庭救助是各国社会救助的主体，因此，对救助标准的确定也以社会成员的收入状况与生活状况的贫困状态为主要依据来界定。

（1）社会救助的标准

一般来说，社会成员的贫困状态有绝对贫困与相对贫困之分。所谓绝对贫困，是指社会成员不能保证维持生命所需的最低限度的饮食和居住条件的生活状态，或者称为赤贫状态。所谓相对贫困，则是指社会成员只能享有相对于当时、当地生活水平而言，数量极少的消费和服务。相对贫困并非缺衣少食、受冻挨饿，而只是相对于其他居民群体拥有的消费品和服务数量少才有的"贫困"。农业社会的贫困大多数属于绝对贫困或赤贫状态，而进入工业化社会后，随着生产力的迅速发展和国家对收入分配调节力度的强化，社会成员的生活水平也会随着经济增长而得到普遍性的提高，昔日的绝对贫困或赤贫现象会越来越少，此时的贫困便具有相对贫困的意义了。正因为如此，现代社会举办的社会救助，其目标主要是针对相对贫困，即经过社会救助力求使属于这一群体的社会成员能够享有更加公平的生活保障。

社会救助的目的在于保障被救助者享有当时当地的最低生活标准。有效的最低生活标准应该能满足四方面的需求：①基本的日常生活开支（不包括住房），如衣着、食品、水电、燃气等。②定期但非日常的生活开支，如特殊的饮食、医疗取暖。③住房支出，如租金、购房贷款、利息等。④不定期的必要开支，如家具和家用电器的更换或维修、孕妇开支、丧葬开支等。当然，这些支出并非只以一种形式的救助金来实现。社会救助制度的结构是由基本救助金提供应对日常生活开支的经济帮助，其他的救助金则提供非必需的或临时性开支的经济援助。同时，由于不同人群的最低生活需求是不同的，如老年人、儿童、成年人维持最低生活的消费支出就不同，在确定救助标准时还需要按照贫困人群的不同特点，适当地调整救助标准的结构，形成多层次的救助体系。

（2）社会救助标准的测量方法

社会救助的目的在于保障被救助者享有当时当地的最低生活标准。这个最低生活标准通常是通过不同测算办法得出的贫困线来衡量的。因此，社会救助标准的测量方法也就转换成了对贫困线的测量方法。贫困线的测定各国各地区不尽相同，目前主要使用的有以下四种：

第一，预算指标法。

预算指标法也就是一般所说的"市场菜篮子法"。它是根据社会所公认的维持一个人的生存和发展需要的必不可少的、最基本的生活需求，并按照市场价格来计算购买这种需求需要多少钱，这个所需金额就是贫困线。低于这一基准的人群就是贫困人口。

第二，恩格尔系数法。

德国统计学家恩格尔认为，用于食物的支出在全部支出中所占的比例能够很好地衡量贫困程度。19世纪，恩格尔在对英、法、德、比等工人家庭的生活收支研究的基础上得出一个定律，即如果食品支出占家庭总支出的比例很高，意味着家庭生活水平很低，收入只能维持现有生产力水平下的最低生活。反之，如果食物支出比例很低，则意味着家庭用于满足其他生活需求的收入很多，生活状况肯定较好。这种食物支出与家庭支出逆向相关的情况被称为"恩格尔定律"。根据恩格尔定律，国际上较为公认的标准是，凡是食物支出占到家庭支出59%以上比例的，属于绝对贫困的家庭；食物支出占家庭支出的比例介于40%～59%的，则进入了小康生活水平；食物支出占家庭支出的比例下降到20%～40%时，家庭生活便上升到富裕行列；食物支出占家庭支出的比例降到20%以下时，则属于极富裕阶层。因此，食物支出除以恩格尔系数，可以得到家庭总支出。如果这时的恩格尔系数是绝对贫困家庭的恩格尔系数，则该家庭总支出所对应的金额就是贫困线。将这个贫困线以此项食物支出的绝对额乘以3，得出最低收入标准。凡是收入等于或低于这个最低收入标准的家庭或个人，便有权享受救助。

第三，国际贫困标准法。

国际贫困标准法是由欧洲经济合作与发展组织提出的一种收入比例法，它根据一个国家或地区社会的平均收入水平来确定最低标准。欧洲经济合作与发展组织认为，社会的平均收入水平在一定程度上反映了一定生产力水平下满足社会成员基本生活需要所要求的平均消费价格。这种消费价格是社会的平均水平，是基于最高和最低之间的消费水平。社会救助是以满足最低生活消费为目的的，因此这种最低消费水平的确定可以以一定时期社会平均收入水平为依据，向下进行一定比例的调整。一般情况下，最低社会标准相当于社会平均收入的 50 % ~ 60 %。

第四，生活形态法。

生活形态法也称"剥夺指标法"。它是从人们的生活方式、消费行为等生活形态入手，提出一系列有关贫困家庭生活形态的问题让被调查者回答，然后选择出若干"剥夺指标"，并根据被调查者的实际生活状况来确定"贫困门槛"，从而确定哪些人属于贫困者，再分析他们被剥夺的需求以及消费和收入来求出贫困线，也就是最低生活保障线。这种方法实际上是以当地大多数人的主观判断来确定贫困者的，并以此为基础做进一步调查确认，然后进行救助。这种方法带有较强的主观性。

以上四种贫困线的测定方法各有特色，具体到某个国家或地区采用哪一种方法或是兼用几种方法，要根据该国家或该地区的基本情况来决定。因此，地域性是确定救助标准的一个非常重要的因素。一般来说，发达国家或地区的救助标准多采用收入比例法，保障水平相对较高，发展中国家和欠发达地区多根据基本需要，采用绝对贫困标准，保障水平较低。

二、失业保险

失业是市场经济条件下不可避免的社会风险，对于普通劳动者而言，失业就是最大的风险，而就业相对而言就是最好的保障。失业人数过多会引起一系列的社会问题，如影响经济的发展与和谐社会的构建等，危及社会的稳定。在这种情况下，解决失业所产生的不利因素的社会机制即失业保险制度就应运而生。目前，失业保险制度在绝大多数国家都已建立并发挥了很好的作用。

（一）失业保险相关概念

失业保险是指国家以立法的形式集中建立保障资金，对收入中断的失业者在一定时期内提供基本生活保障的一种社会保险制度。其核心内容是建立失业保险基金，分散失业风险，使暂时处于失业状态的劳动者得到最基本的生活保障；通过就业培训，失业者可以尽快就业。失业保险属于社会保险范畴，同生育保险、伤残保险、死亡保险、疾病保险、养老保险等一起共同构成社会保险体系。失业保险作为社会保险形式，不同于商业保险，它具有强制性、普遍性、互济性和社会性的特点。

世界各国实行的失业保障制度总结起来有三种基本类型：第一种是国家立法强制实施的失业保险制度。这是目前采用最多的一种失业保障模式。失业保险制度是强制性的，由国家直接管理或委托相关机构管理，凡符合要求的在失业保险覆盖范围之内的人群或企业都需要参加失业保险。第二种是非强制性的失业保险制度。这种模式由工会组织建立，政府提供一定的支持。劳动者有选择参加或不参加失业保险的权利，政府不做强制性的要求。第三种是失业救济制度。这种制度是对失业的人群给予一定的救济，这种方式有多种具体的实施方法，如政府或者企业支付一次性的失业救济金帮助失业者渡过难关。这三种方式之间没有明显的排斥性，各国政府或者地区的企业根据本国或者本地区的实际情况进行综合运用，其中包括国家立法强制实施的失业保险制度与失业救济制度相结合以及非强制性的失业保险制度与失业救济制度相结合。

（二）失业保险制度的基本内容

失业保险制度包括一系列基本内容，如失业保险的基本模式、失业保险基金的筹集方式、失业保险的享受资格、失业保险待遇的给付标准和期限以及失业保险的管理体制等。下面主要介绍失业保险的基本模式、失业保险基金的筹集方式和失业保险的享受资格：

1.失业保险的基本模式

从目前实行失业保险制度或类似失业保险制度的国家来看，大致可以将失业保险划分为以下四种类型：

（1）强制性失业保险

强制性失业保险是指依据国家立法，在立法范围之内的人员不论是否愿意参加，只要符合国家法律规定都得强制参加失业保险。

（2）非强制性失业保险

非强制性失业保险是指在立法范围之内的人员是否参加失业保险取决于受保人个人的意愿，国家法律不做强制要求，而一旦参加了失业保险，就必须根据失业保险法律的规定接受管理，这些管理包括应承担的义务和应该享受的权利。这种模式最大的特点就在于将是否参与失业保险的权利交给了受保人。这在一定程度上体现了公民自主选择的权利，但也在一定程度上削弱了失业保险的作用。

（3）失业补助制度

失业补助制度是指由国家单方面出资对符合法律规定的失业人群给予失业补助。领取失业补助有着较为严格的限制，必须经过相关机构的收入调查。经有关机构的批准，才可以对贫困的失业者给予救济。这种制度的特点在于减轻了雇主和雇员的经济压力，但由于受国家财政的限制，存在着救助范围较小以及救助标准较低的问题。

（4）双重失业保险制度

双重失业保险制度指的是不同失业保险制度相结合或者失业保险制度和失业补助制度相结合的一种失业保险模式，其中较为普遍的一种双重失业保险制度是以失业保险制度为主、失业补助制度为辅的双重方式。虽然是失业保险制度与失业补助制度同时施行，但两者在保障基本生活以及创造再就业条件方面的功能是一致的。

2.失业保险基金的筹集方式

失业保险基金的来源主要有三个方面：雇主缴纳失业保险费、雇员缴纳失业保险费以及政府财政补贴。此外，通过失业保险基金衍生出来的利息收益和各种投资收益是其补充来源。各国政府通过社会对失业保险的需求、相关政策、历史经验、财政状况、企业和雇员的承担能力、失业政策的指导思想和定位等因素的判断来决定采取何种失业保险基金筹集的组合方式。就目前已采取失业保险制度的国家而言，其筹资的方式大致可分为以下五种：

（1）雇主、雇员和政府三方负担

雇主、雇员和政府三方负担是社会经济主体广泛承担失业保险筹资责任的一种方式。其中，政府承担的部分，各国采取的形式大致有两种：一是政府承担部分失业保险资金的筹集。这是比较普遍的一种做法，各国在其中所承担的份额的多少也有所不同。二是弥补失业保险基金收入与支出之间的差额。这是一种补救型的政府补贴的方式，实行这种政府补贴方式的国家数量较少。

（2）国家负担全部费用

国家负担全部费用是由国家承担所有的失业保险参保费用。这种筹资方式的好处在于减轻了雇主和雇员的负担。但对于政府而言，则需要较为强大的政府财政作为支持，并且可能给政府带来沉重的负担。

（3）由雇主和雇员负担

由雇主和雇员负担是比较典型的一种失业保险资金负担方式。所需的失业保险资金由雇主和雇员通过一定的比例共同进行负担。

（4）国家和雇主分担

国家和雇主分担是由国家和雇主共同负担失业保险参保资金的一种方式，这种筹资方式明显的好处就在于它可以减少市场主体中的弱者（劳动者）的压力。

（5）雇员全部负担

雇员全部负担筹集方式较为少见。

3.失业保险的享受资格

参加失业保险的劳动者领取失业金必须要符合规定的条件。失业保险对象是指在法定劳动年龄之内，具有劳动能力，因暂时失去工作而中断收入的人。虽然各国的失业保险制度不同，但是对于享受失业保险的资格条件有着一定的共性。这些共性具体体现在以下几个方面：

（1）失业者的失业原因必须是非自愿失业

失业保险金给付把失业与无业、自愿性失业与非自愿性失业明确地区分开来，而对于自愿失业或者无业的人员，则不在失业保险的救助范围之内。

（2）处于法定劳动年龄

未达到法定年龄的劳动者无法享受失业保险待遇，超过法定就业年龄的劳动者原则上来说也就不再享有失业保险的相关待遇。

（3）有就业愿望

有就业愿望是指失业者到规定的失业保险登记部门进行失业登记，并参与就业培训，这被视为有就业愿望。但有就业意愿之后，如何确定劳动者已经实现合适就业并不再需要失业保险却是一个难点。对于这个问题一般从接受教育培训、身心条件和工作经历三个方面加以考虑。只要这三者对于劳动者来说较为合适，那么就可以认为劳动者已经实现了合适的就业。

（4）被保险人在失业前已经缴纳保险费达到特定的数额或年限

这在不同的国家有着不同的规定，有的国家规定被保险人在投保或缴纳保险费达到特定的数额即可以享受失业保险的待遇；有的国家则规定被保险人在投保或缴纳保险费达到特定的年限后即可以享受失业保险的待遇。在此条件下，有的国家还要求有过就业经历并且就业时间符合法律的规定。

三、工伤保险

工伤保险制度是世界各国推出较早的、普遍实施的一项社会保障制度。它作为一种保障劳动者权益和促进社会经济协调稳定发展的制度安排引起了世界各国政府的重视。各国在安全生产、文明生产、预防事故发生和提供工伤补偿等方面不断改进，至今形成了较为完善的工伤保险制度。同时，工伤保险制度也是社会保险的一个重要分支，它是适应社会化、现代化大生产以防范风险的一种必然选择。

现代意义上的工伤保险制度，并非创立之初仅仅对工伤给予补偿，而是一个立体的、全方位的制度。从工伤预防到补偿，再到最后康复环节，工伤保险都有涉及。它对劳动者的保护更加健全，对发生工伤之后的处理和补偿更加全方位。这种全方位的保险制度确保了劳动者能够有效地应对工伤所带来的风险，可以促进个人、企业甚至是社会生产效率的提升。

（一）工伤及工伤保险的概念

"工伤"一词原意是职业伤害，国外习惯称为"劳灾伤害"，在中国习惯称为"工伤事故"。工伤作为工业社会的副产品，其概念随着经济和产业的发展以及相应国家立法的完善而日益成熟。最初它仅仅是指在工业事故中工人所遭受的人身伤害，后来将职业病纳入其中，再后来将工人上下班的交通事故、出差遇到的事故等一系列与工作有关情形都纳入工伤的范围之内。各国对于工伤的具体认定有着不同的规定。

工伤保险又称职业伤害保险、工伤赔付保险，是指劳动者在生产经营活动中或在规定的某些特殊情况下所遭受的意外伤害、职业病，以及因这两种情况造成死亡、劳动者暂时或永久丧失劳动能力时，劳动者及其家属能够从国家、社会得到必要的物质补偿。其目的在于保障劳动者获得医疗救济、经济补偿和职业康复的权利，促进安全生产和社会安定与发展。

（二）工伤保险的类型

1.雇主责任保险型工伤保险

雇主责任保险型工伤保险是指遭受工伤伤害的劳动者或家属直接向雇主要求赔偿，雇主依照法律规定向他们支付保险待遇的一种形式。这种形式的工伤保险一般为国家对赔付情形、赔付标准做出规定，具体由法院或相关部门予以执行。

雇主责任保险型工伤保险又分为两种形式，分别是雇主自保和向商业保险公司投保。雇主自保是指受伤害的雇员直接向雇主要求索赔。雇主可以以自身为一个个体，在雇员受到伤害时对其进行赔偿，也可以以雇主联合会的形式存在，众多雇主联合在一起共同防范风险。向商业保险公司投保是雇主为雇员的职业风险购买商业保险。雇主把雇员所面临的工伤风险向商业保险公司投保，由商业保险公司对雇员的工伤风险负责。这种方式虽然可以显著降低企业的风险，但是可能给企业带来较大的经济负担。

雇主责任保险型工伤保险存在一些弊端：一是企业的负担较重。当工伤事故发生时，雇主需要在第一时间对受害者及其家属给予补偿，这往往对企业的生产经营有一定的影响。当企业遭遇重大的事故需要巨额的赔偿时，对企业的打击是致命的。这种情况在中小企业尤为常见，因为中小企业生产资本少、生产规模小，其承受工伤保险的能力很弱。二是工伤事故处理赔付不到位。由于调查工伤保险的周期较长，对工伤认定的标准有不同的判断，导致雇主与受伤害者之间往往不能达成一致，造成赔付困难。有时雇主也会出现偷逃赔付款的情况，这对受伤害者而言无疑是二次打击。三是保险金的支付形式往往采取的是一次性支付的方式。这种方式虽然能给受伤害者解燃眉之急，却不利于对受伤害者整体的治疗以及后续并发症的治疗。

2.职业伤害保险型工伤保险

职业伤害保险型工伤保险是在雇主责任型的工伤保险之后发展出来的一种形式。由于法律意识以及社会意识的不断增强，现代化大生产的不断推进，加之雇主责任制的工伤保险面临的种种问题，职业伤害保险型工伤保险制度适应时代发展应运而生。

职业伤害保险型工伤保险又称工伤社会保险制度，它是指由国家立法，政府有关部门或监督机构负责工伤保险的事务。在处理工伤保险的相关事务时，需遵循一系列的规章制度，从工伤保险的认定、赔付标准到伤害补偿金的支付等都有明确规定，以此明确政府、雇主、雇员之间的责任及其关系。这种形式的工伤保险一般是由参加保险的雇主向社会保险机构缴纳一定的职业伤害保险基金，政府或相关机构支付相关的补助金，双方共同负担工伤的风险。这在一定程度上防止了由某一方主体完全承担工伤所带来的风险，也可以使得赔付有序可循，能够使受伤害者在最短的时间内得到相应的补偿。

（三）工伤保险的原则

各国的工伤保险制度虽然各有特点，但是在某些设计理念和原则方面还是有共通的地方。就目前已经实行工伤保险制度的国家而言，这些原则大致可以总结为以下几个方面：

1.无责任赔偿原则，亦称"无过失补偿原则"

无责任赔偿原则是指劳动者在生产工作过程中遭遇工伤事故后，无论劳动者是否对意外事故负有责任，均应依法按照规定的标准享受工伤保险待遇，但是企业还保留追究相关事故责任的权利。这样做的目的就在于既可以防止类似事故的重复发生，又可以保障受伤害者的基本权利，保障其基本生活。

2.资金筹集实行个人不缴费，按风险大小确定缴费比例的原则

在已经建立工伤保险制度的国家中，工伤保险制度均实行的是个人不缴费原则。所谓个人不缴费，是指工伤保险费无须个人缴纳，由企业和雇主缴纳，有些国家采取政府补贴的方式。这是和其他社会保险项目的区别之一。之所以实行这个规定，是由于劳动者在生产的过程中创造了社会财富，但也因此承担了大量的风险，这种风险不应由劳动者个人承担。所谓按风险大小确定缴费比例的原则，主要是指各行各业的风险有所不同，不能把风险大和风险小的行业实行统一的缴费比例，这样体现不出制度的公平。例如，建筑工人和文员的风险不同，他们所在企业所承担的缴费比例也不同，一般建筑工人所在企业所承担的缴费比例较高，文员所在企业所承担的缴费比例较低。

3.工伤补偿、工伤预防与工伤康复相结合的原则

在劳动生产过程中，劳动力受到了损失后理应对这种损失给予赔偿，但仅仅有赔偿是不够的，工伤预防和工伤康复也应引起重视。工伤预防是最基本的，各国政府都致力于采取各种措施减少或者避免工伤事故。当工伤事故不幸发生时，应立即给予受伤害者一定的经济补偿，让其得到救治，帮助其渡过难关。除了及时的治疗之外，工伤康复也是必不可少的，要及时地帮助受伤害者进行康复和恢复治疗，恢复其劳动能力，尽量使其能够恢复到原来的水平或者能够自食其力的水平，避免造成人力资源的浪费。

4.一次性补偿与长期补偿相结合的原则

在劳动生产过程中，有些劳动者部分或完全永久丧失劳动能力或者死亡的，工伤保险机构一次性支付受伤害者或劳动者遗属补偿金。除此之外，工伤保险还需对受伤害的劳动者或家属支付长期的抚恤金，直至其失去供养条件为止。这种一次性补偿与长期补偿相结合的办法充分考虑到劳动者的切身利益和担忧，为在职劳动者安心工作扫清障碍。

5.区别"因工"和"非因工"的原则

在工伤保险中，"因工"是指与工作环境、工作条件以及工作流程相关的情形造成的伤害。"非因工"是指与劳动者本人职业因素无关造成的伤害。例如，中国《工伤保险条例》第十五条明确规定"职工有下列情形之一的，视同工伤：（一）在工作时间和工作岗位，突发疾病死亡或者在48小时之内经抢救无效死亡的；（二）在抢险救灾等维护国家利益、公共利益活动中受到伤害的；（三）职工原在军队服役，因战、因公负伤致残，已取得革命伤残军人证，到用人单位后旧伤复发的。职工有前款第（一）项、第（二）项情形的，按照本条例的有关规定享受工伤保险待遇；职工有前款第（三）项情形的，按照本条例的有关规定享受除一次性伤残补助金以外的工伤保险待遇。"

四、养老保险

养老保险作为社会保障制度中最重要的组成部分，在为退休人员提供经济保障上发挥着重要作用。养老保险制度的建设与完善对维护国家的长治久安和经济的可持续发展都必不可少。经过几十年的发展，中国现在已经建立起了城镇职工、城镇居民和农村居民养老保险制度，在制度方面实现了养老保险的全覆盖。在全球人口老龄化日益严峻的形势下，养老保险的财务危机越发明显，养老保险如何实现可持续发展也是各国在探寻的重要问题，并且各国纷纷进行养老保险制度改革。中国也在不断地进行养老保险的改革以适应社会经济发展的需要。

（一）养老保险概述

1.养老保险含义

养老保险是指劳动者在达到国家规定的退休年龄，或因年老完全丧失劳动能力退出劳动领域后，由国家和社会依法给予一定的物质帮助以维持其老年基本生活的一种社会保险制度。这一概念主要包含三层含义：①养老保险是在法定范围内的人口退出社会劳动生活后才发生作用的。通常法定的退休年龄界限是衡量退出社会劳动生活的标准。②养老保险的目的是保障老年人的基本生活需求，为其提供稳定、可靠的生活来源。③养老保险是以社会保险为手段来达到保障目的的。养老保险是世界各国普遍实行的一种社会保障制度。

2.养老保险特征

养老保险是社会保险体系的重要组成部分，除了具备社会保险强制性、互济性和普遍性等共同特征外，还具有以下主要特征：

第一，参加养老保险与享受待遇的一致性。其他社会保险项目的参加者不一定都能享受相应的待遇，而养老保险待遇的享受人群是最确定、最普遍的。参加养老保险的特定人群一旦进入老年，都可以按规定享受养老保险待遇。

第二，保障水平的适度性。养老保险的基本功能是保障劳动者在年老时的基本生活，这就决定了其保障水平要适度，既不能过低，也不能过高。一般来说，养老保险的整体水平要高于贫困救济线和失业保险金的水平，低于社会平均工资和个人在职时的收入水平。

第三，享受期限的长期性。参加养老保险的人员一旦达到享受待遇的条件或取得享受待遇的资格，就可以长期享受待遇直至死亡。其待遇水平基本稳定，通常会根据经济发展状况而动态调整，以此来保障待遇水平不会下降。

第四，保障方式多层次。广义的养老保险，不仅包括国家法定的基本养老保险，还包括用人单位建立的补充养老保险（企业年金）、个人自愿参加的储蓄型养老保险等。建立和完善多层次的养老保险体系已成为一种国际趋势。

第五，与家庭养老相联系。养老保险的产生和发展逐步取代了传统家庭养老的部分甚至大部分功能。养老保险保障程度较低时，家庭养老的作用更大一些；养老保险保障程度较高时，家庭养老的作用就相应减弱。但养老保险并不能完全替代家庭养老。几乎所有国家的宪法或法律都规定了，公民有赡养老人的义务。因此，养老保险与家庭养老是相互联系、相得益彰的统一体。

（二）养老保险制度的建制原则

养老保险是社会保障制度中最重要的组成部分。在制定这一制度时必须遵循以下基本原则：

1.享受养老保险待遇的同时免除劳动义务的原则

养老保险的对象是因为年老丧失劳动能力而退出社会劳动领域的人。对于这类被保险人，国家一方面通过法律规定免除他们的劳动义务；另一方面通过法律保证他们获得物质生活帮助的权利。根据这一原则，凡符合养老保险资格条件的被保险人，在其达到法定退休年龄后，不论其实际劳动能力如何，都可免除社会劳动的义务而享受退休待遇。

2.切实保障基本生活需要的原则

养老保险必须要保证被保险人获得基本生活保障，养老金的给付水平要适度，通常要考虑以下两个因素：通货膨胀率和收入增长率。因此，要切实保障老年人的基本经济生活，养老金通常要根据通货膨胀率进行调整，或者根据收入增长率进行调整，或者根据通货膨胀率和收入增长率的加权进行调整。只有这样，养老金的实际购买力才不会下降，才不会影响退休人员的实际生活水平。

3.分享社会经济发展成果的原则

养老金的给付还应随着社会经济的发展而不断提高。这是因为社会生产的成果是一代代积累起来的，没有上一代劳动者的积累就没有现代社会的发展成果。退休人员在他们年轻时贡献了自己的力量，为社会创造了价值。因而，现代社会的发展成果包含了退休人员过去的劳动贡献，他们理所当然地应该享有其中一部分社会发展成果。

4.权利与义务相对应的原则

养老金的给付还应与劳动者缴纳养老保险费的状况相联系，即养老金的给付与缴费数额、缴费时间长短相关。这一原则一方面能够增强劳动者的自我保障意识；另一方面又体现了公平与效率的统一性。

第六章　人力资源管理信息化的人才与系统建设

第一节　人力资源管理的信息开发与人才队伍建设

一、人力资源管理的信息开发

人力资源信息开发是根据大量客观存在的信息事实和数据，以各种载体和各种类型的信息为基础，运用判断与推理、分析与综合等多种方法，为社会提供不同层次的信息服务。人力资源信息开发的目的，是对人力资源潜在能量的挖掘，促使人们更加充分有效地运用人力资源信息，实现发现人才、任用人才，实施人才的发展战略。

（一）人力资源信息开发的作用

1.最大限度发挥经济和社会价值

信息技术的快速发展，为深度开发和广泛利用人力资源信息创造了前所未有的条件。树立和落实科学发展观，根据社会需要，全面、及时、准确地提供人力资源相关信息，充分开发利用反映劳动、工作、保险福利以及人力资源管理方面的信息，强化人力资源管理，能够加快人力资源管理制度的建立，使信息流更加有效地引导人员流、物资流和资金流，实现对物质资源和能源资源的节约和增值作用，为社会带来直接和间接的社会和经济效益。

同时，随着政府、社会公共服务、企业上网工程的深入发展，办公自动化的普及和电子商务的发展，人力资源数字化信息数量不断增加，人力资源信息也越来越丰富，不断满足社会各项事业对人力资源信息的需要。人力资源管理部门要通过各种有效的方式，最大限度地发挥人力资源信息的价值效用，更好地为社会发展和进步服务。

2.发挥人力资源信息的价值

在信息社会中，信息价值往往体现在运动中。只有处于运动中的信息，才能被人们随时捕捉到，进而发挥作用。处于静态中的信息，即使蕴含巨大的价值，如果不能得到及时充分的开发利用，不能将其潜在价值转化为现实价值，也就无法有效发挥作用。

人力资源部门保存并积累了大量的人力资源信息，人力资源信息的存储和传递就是为了有效地提供利用，即把静态中的信息变成动态信息，进而无止境地开发利用，直接体现信息的使用价值。人力资源信息是人力资源活动的原始、真实的记录，及时、有序、系统地开发利用人力资源信息，就是揭示人力资源信息的使用价值，发挥人力资源信息富有生命力的独特作用。

3.加大人力资源的管理服务

在一切管理系统中，人是最主要的因素，是最活跃、最能动、最积极的要素。组织活力的源泉在于劳动者的创造力、积极性和智慧。要充分挖掘、准确识别和长足发展人的潜力和能量，必须开发利用人力资源信息。

加强人力资源信息的开发利用，是人力资源管理的基础和可靠保证，也是人力资源管理的根本目的。人力资源管理的各项活动都必须充分利用信息。参与决策、建立企业优秀文化、决定组织的结构需要信息；设立人事选拔标准、制订招聘计划、建立新的招聘市场、确定职业发展途径、制订员工开发计划要建立在充足信息的基础上；实施招聘计划、设立并运作控制系统、管理报酬项目、建立年度绩效评估系统、贯彻员工培训计划、安排员工上岗或转岗需要信息。有关人力资源招聘、培训、晋升等具体计划的信息的提供利用，可以便于员工据此制订自己的发展计划，有助于提高员工留任率。对员工的教育、经历、技能、培训、绩效等信息的利用，可以了解并确定符合某空缺职位要求的人员，对内部人员晋升非常重要。为了有效地进行工作设计，必须通过工作分析，全面了解和把握工作现状。只有获得工作单位以及工作本身所需完成的任务方面的详细信息，管理者才能选择适宜的方式来进行工作设计。

必须指出的是，现代人力资源管理是一个开放的系统，人力资源管理的发展过程是一个适应外部环境变化的过程。人力资源管理者必须时刻接受外界环境输入的信息，利用这些反映人力资源发展趋向与需求的信息，适时地改变人力资源管理的目标、战略、方式、措施、技术，只有这样，才能使人力资源管理发生适当的变革，适应环境变化，服务于社会。

4.为决策者提供有效信息依据

决策对管理有着很大的影响，并且持续的时间长，调整起来比较困难。进行正确的决策，需要完整、准确、真实的人力资源信息。人力资源的供需状况、人力资源的素质、人力资源的工作绩效与改进、人力资源培训与开发的效果等信息，可以为决策的确定提供内在保证；劳动力供给的状况、竞争对手所采用的激励或薪酬计划的情况以及关于劳动法等法律方面的信息，能够为决策的制定提供外在依据。只有充分开发利用人力资源信息，才能保证决策者做出客观、科学的决策。

5.积极促进人的潜能开发

人是生产力中最基本、最活跃、最关键的因素，提高人的素质，充分调动人的积极性、创造性，合理利用人力资源信息，是提高生产力水平的主要途径。人力资源信息对于开发人的智能，调动人的积极性和创造性，推动经济社会发展具有重要作用，是科学合理开发人才资源的必要条件。对人才的筛选、识别与管理，制定人才机制，进行人才战略储备，都需要掌握大量的信息。充分挖掘人的潜力，提高人的素质，发挥人的聪明才智，关键在于对人力资源信息的开发和管理。人力资源管理部门以信息为依据，根据经济、社会发展的需要，从战略目标出发，有计划、有步骤地实施人才培养计划，进行吸收、选拔、任用等一系列管理活动，使人才的培养与岗位的要求，个人的发展与组织的目标相适应。

6.为制订人力资源规划提供数据

现代社会的竞争的根源是人力资源的竞争。一流的人才才能造就一流的企业。人力资源规划是单位的长期人力资源计划。要做到规划的科学性，必须根据经济社会发展的需要，制订出一定时期人才需求规划。依据人力资源信息，才能根据社会环境状况、单位的规划、组织结构、工作分析和现有的人力资源使用状况，处理好人力资源的供求平衡问题；才能科学地预测、分析环境变化中人力资源供给与需求状况，制定必要的政策与措施，合理分配组织的人力资源并有效降低人力资源成本，从而确保组织的长远利益。

（二）人力资源信息开发的类型

人力资源信息开发的主体是人员；人力资源信息开发的客体是有一定实体整理基础的信息。主体要对客体进行作用，即人力资源部门要对信息进行重新整合加工，将信息中的内容与其原载体相脱离并进行重新组织，使客体形成系统化、有序化的状态。

1.按照加工程度分类

按照对信息加工的程度，人力资源信息开发分为浅加工和深加工。浅加工是指对人力资源信息进行压缩提炼，形成信息线索并存储在一定载体上的过程，即信息检索工作。深加工是根据一定的需求，对庞杂的人力资源信息进行系统化、有序化的过程，以此来解决利用者需求的特定性与人力资源信息量大、有杂质的矛盾，即信息编研工作。

2.按照加工层次分类

按照对信息资源加工的层次，人力资源信息开发分为一次信息开发、二次信息开发和三次信息开发。

（1）一次信息开发

一次信息开发是在人力资源管理活动中直接形成的原始信息，具有直接参考和凭证的使用价值。对一次信息进行开发有利于把无序的原始信息转变成有序的信息，节省收集原始信息的精力和时间，提高信息的利用率。其主要形式有剪报、编译。

（2）二次信息开发

二次信息开发是对一次信息进行加工整理后而形成的信息，专门提供信息线索，供人们查阅信息来源。它是对信息经过加工而得到的浓缩的信息，容纳的信息量大，可以使人们在较短的时间对一定范围内的信息有概括的了解。其主要的开发形式有目录、索引。

（3）三次信息开发

根据特定的需要，在一次、二次信息的基础上，经过分析研究和综合概括而形成更深层次的信息产品。从零星无序、纷繁复杂的信息中梳理出某种与特定需求相关的内容，解释某种规律性的认识，并最终形成书面报告，从而为管理决策服务。三次信息是高度浓缩的信息，提供的是评述性的、动态性的、预测性的信息。其主要形式有简讯、综述、述评、调查报告。

（三）人力资源信息开发的不同形式

1.编写材料

（1）编写工作说明书

工作说明书的编写，是在职务信息的收集、比较和分类的基础上进行的，要根据工作分析收集的信息编制工作说明书。工作说明书可以帮助任职人员了解工作，明确责任范围，为管理者的决策提供参考。工作说明书是对有关工作职责、工作活动、工作环境、工作条件以及工作对人员素质要求等方面信息所进行的书面描述，一般由工作描述和工作要求两部分组成。工作描述是对工作职责、工作内容、工作条件以及工作环境等工作自身特性所进行的书面描述。工作要求则描述了工作对人的知识、能力、品格、教育背景和工作经历等方面的要求。

（2）编写人员供给预测材料

人员供给预测包括内部供给预测和外部供给预测。工作说明书要充分利用信息，对信息进行综合分析，进行人员供给预测。

要收集有关人员个性、能力、背景等方面的信息，分析研究管理人才储备信息，如工作经历、教育背景、优势和劣势、个人发展需求、目前工作业绩、将来的提升潜力、专业领域、工作特长、职业目标和追求、预计退休时间等。在对信息进行综合分析的基础上，编制出《职业计划储备组织评价图》，从而更好地编写人员供给预测信息材料。

2.编制统计表

统计表是用表格来显示各种变量的取值及其特征，是表现人力资源信息最常用的形式，是为统计工作提供统计数字资料的一种工具。它可以概括文字的叙述，科学合理地组织人力资源信息，使人力资源信息的排列条理化、系统化、标准化，一目了然，给人以明显、深刻的感觉，便于阅读和进行统计分析。

（1）统计表的结构

统计表由总标题、横栏标题、纵栏标题和指标数值四部分构成。总标题是统计表的名称，概括说明统计表所反映信息的内容，一般位于表的上端中央。横栏标题是横行的名称，表明信息反映的总体及其分组的名称，一般位于表的左侧。纵栏标题是纵栏的名称，反映的是信息指标的名称，一般位于表的上方。指标数值列在横栏标题与纵栏标题的交叉处，具体反映其数字状况。有些统计表还增列补充资料、注解、资料来源、填表时间、填表单位等内容。

（2）统计表的分类

统计表按用途，可分为调查表、汇总表和分析表。

调查表是用于登记、搜集原始统计资料的表格，只记录调查对象的特征，不能综合反映统计总体的数量特征。

汇总表是用于表现统计汇总和整理结果的表格。汇总表由两部分组成，一部分是统计分组，另一部分是用来说明统计分组各组综合特征的统计指标。汇总表能够综合说明统计总体的数量特征，是提供统计资料的基本形式。

分析表是用于对整理所得的信息统计资料进行定量分析的表格，按照内容的组成情况，分为简单表、分组表和复合表。简单表指总体未做任何分组的统计表。分组表是指总体按一个标志进行分组后形成的统计表。利用分组表，可以分析不同类型的不同特征，研究总体的内部构成和分析现象之间的依存关系等。复合表是指统计总体按两个或两个以上标志进行层叠分组后形成的统计表。复合表可以反映出研究总体同时受几种因素影响而产生的变化情况。

（3）统计表设计的一般原则与要求

统计表的设计应遵循科学、实用、简明、美观的原则，力求做到以下五方面：

第一，标题要简明扼要地概括信息的内容及信息所属的空间和时间范围。

第二，纵、横栏的排列内容要对应，尽量反映逻辑关系。

第三，根据统计表的内容，全面考虑表的布局，使表的大小适度、比例适当、醒目美观。

第四，统计表中的指标数值，都有计量单位，必须标写清楚。计量单位都相同时，将其写在表的右上角；横行的计量单位相同时，在横行标题后列计量单位；纵栏的计量单位相同时，将其标在纵栏标题下方或右方。

第五，统计表中的线条要清晰，尽量表明各指标的简单包含关系。

3.编制统计图

统计图是用点、线、面、体等构成的几何图形或其他图形表现信息，表示变量的分布情况，是信息分析研究的重要方法。利用统计图来表现信息，形象具体、简明生动、通俗易懂，能将信息所反映的复杂的内容，用简明扼要的形式表现出来。

（1）统计图的种类

常用的统计图形有圆瓣图、直方图、条形图、折线图、机构图等。

第一，圆瓣图。用一个圆代表研究对象的总体，每一个圆瓣代表研究对象中的一种情况，其大小代表它在总体中所占的比例。圆瓣图只表示变量的某个取值在总体中的比重，对变量取值的排列顺序没有要求。

第二，直方图。直方图是紧挨着的长条组成的，条形的宽度是有意义的。它用每一个长条的面积表示所对应的变量值的频率或频次的大小。

第三，条形图。条形图是以宽度相等的条形长度来表示指标数值大小的图形。条形的排列既可以纵排，也可横排。纵排的条形图叫柱形图，横排的条形图叫带形图。

第四，折线图。折线图是用直线连接直方图条形顶端的中点而形成的。当各条形的组距减小、条形增多时，折线将逐渐变得平滑，趋向为曲线。

第五，机构图。机构图是用图形来表示组织结构和管理体制的一种方法。典型的企业组织结构模式主要有直线制、职能制、直线职能制和事业部制。机构图与组织结构有着密切的关系，要根据企业组织结构模式设计机构图。

（2）编制统计图的程序与基本要求

第一，确定编制目的。编制人力资源信息统计图，要根据实际需要，确定编制目的，以便进行信息的筛选、分析和综合，明确信息的表达方式和统计图形式。

第二，选择图示信息。应在反映所研究内容的一切指标中，选择符合制图目的、有价值、反映内容本质的重要信息，避免图示信息过多，内容繁杂，表达模糊。

第三，设计统计图。图形的设计要力求科学、完整、真实、清晰地体现信息的各种特征。图形的外观要尽量美观、鲜明、生动，具有一定的观赏性。标题要简单明确，数字及文字说明应准确无误。统计图的类型不同，其特点和运用的条件也不同，应根据制图目的、信息内容和特点，确定编制的统计图形式，科学、准确地表达信息，使图形的布局、形态、线条、字体、色彩体现出艺术性。统计图的形式应与利用需求相适应。用于领导、业务工作参考和分析研究时，可采用条形图、折线图和其他几何图形，呈现内容可详尽些；用于展览、宣传教育，尽量采用条形图、直方图或其他鲜明生动的图形，图形的标题、文字说明、数字和单位的标示简明扼要、色彩鲜明、通俗易懂。

第四，审核检查。统计图编制完成以后，要进行认真的审核检查和修改，确保编制的图形能客观地揭示信息，符合制图目的；图形结构简明准确、生动鲜明；图式线形、数字标示、文字说明等适用；注解具体，图面清晰整洁。

4.编写统计分析材料

统计分析是对获得的人力资源信息进行量化分析，客观、准确、科学地揭示人力资源管理工作中的特点和规律，深入地反映人才资源状况，以此调整工作方式，提高人力资源管理水平。编写统计分析材料，能够精确描述和认识信息的本质特征，揭示信息的内在联系，使人们对信息的利用从感性认识上升到理性认识，为管理提供深加工、高层次、有价值的信息。

统计分析材料是充分表现统计过程、方法和结果的书面报告，为建立宏观人才资源信息库，为建立和完善人才市场体系、促进人才合理流动、实现人才工作协调发展，为人才规划的落实提供信息服务。编写统计分析材料有提炼主题、选择材料、拟定提纲、形成报告四个主要环节，编写要求是：①针对性。明确编写目的、解决的问题和服务对象。②真实性。尊重客观实际，以充分可靠的信息为基础，真实地反映客观实际，事实具体，数据准确。③新颖性。在对原始信息深入挖掘、把握本质的基础上，提取新的信息，形成新的观点、结论。④时效性。着眼于现实问题，讲求时间效果，在信息的最佳有效期提供利用。

（四）人力资源信息开发的方法

人力资源信息开发是在掌握大量信息的基础上，根据决策、管理、业务活动的需要，利用科学的研究方法，对现有信息进行系统的归纳分析，对各项活动的发展趋势做出判断和预测，提供企业管理全面性、高层次的信息，为工作活动服务。

（1）汇集法

汇集法是围绕某一特定的主题，把一定范围内的人力资源原始信息，按照一定的标准有机地汇集在一起。汇集法适合于反映一个地区或一个部门某方面的状况，当人力资源信息资料较多、反映面较宽的时候比较适用。

（2）归纳法

归纳法是将反映某一主题的人力资源原始信息集中在一起，加以系统综合归纳和分析，以便完整、清晰地说明某一方面的工作动态。归纳法要求分类合理、线条清楚、综合准确。

（3）纵深法

根据需要，把若干个具有内在联系，有一定共同点的人力资源信息，或几个不同时期的有关人力资源信息，从纵的方面进行比较分析，形成新的信息材料。可以按原始信息材料提供的某一主题层层深入，按某一活动的时间顺序或按某一事件的历史进程深入进去，要清楚问题的来源。

（4）连横法

按照某一主题的需要，把若干个不同来源的人力资源原始信息材料从横的方面连接起来，做出比较分析，形成新的信息材料。采用连横法要选择最能说明主题的信息，从不同来源信息中选择具有一定同质性的信息。

（5）浓缩法

浓缩法是指通过压缩人力资源信息材料的文字篇幅，凝练主题，简洁文字。使用浓缩法要主题集中，内容突出，一篇信息材料只表达一个中心思想，阐明一个观点；压缩结构，减少段落层次；凝练语言，简明地表达含义。

（6）转换法

人力资源原始信息中若有数据出现，应把不易理解的数字转换为容易理解的数字。

（7）图表法

如果人力资源原始信息中的数据有一定的规律性，可以将数据制成图表，使人一目了然，便于传递与利用。

（8）分析法

分析法是在信息充分的基础上，通过综合分析，进行人力资源的现状规划和需求预测，包括现状分析、经验分析、预测分析。

进行短期人力资源预测规划，要依据有关信息进行现状分析，预算出规划期内有哪些人员或岗位上的人将晋升、降职、退休或调出本单位的情况，根据预测规划期内的人力资源的需要，做好调动人员替补准备工作，包括单位内管理人员的连续性替补。

进行中、短期人力资源预测规划，可采用经验分析法、分合性预测法。经验分析是管理者根据以往员工数量变动状况，对人力资源进行预测规划，预测单位在将来某段时间内对人力资源的需求。分合性预测是在下属各个部门、机构根据各自的业务活动、工作量的变化情况，预测的将来对各种人员需求的基础上，进行综合平衡，预测整个单位将来某一时间内对各种人员的总需求。

进行长期的、有关技术人员或管理人员的供求预测，采用预测分析法。

针对某些因重大变革和发展趋势而引起的人力资源供求的变化，应征求有关专家的意见，并在此基础上形成预测结果。

二、人力资源管理信息化的人才队伍建设研究

（一）人力资源管理信息化人才队伍的素质要求

实现人力资源管理信息化，需要一批适应形势发展、德才兼备、有创新思维和创造能力的人才推进信息化工作的开展。必须充分发挥人的主观能动性，建设一支思想作风过硬、业务素质高、知识结构合理的信息化管理人才队伍。素质是一个外延广泛而内涵丰富的概念，是人的品质、知识、能力的总和。信息化人才素质是信息化的前提和保障，主要包括信息素质、业务素质、知识素质。

1.信息素质要求

信息素质也称信息能力，是使用计算机和信息技术高效获取、正确评价和善于利用信息的能力。随着信息科技特别是网络科技的迅猛发展，使人类的沟通与信息交换方式转变为以人际互动为主的模式，终身学习、能力导向学习和开放式学习成为新的学习理念。为满足知识创新和终身学习的需要，提高信息素质将成为培养人才能力的重要内容。

（1）信息素质的意义体现

信息素质是信息化建设的要求。只有提高信息素质，才能保证人力资源发展战略和信息化战略的实现。提高信息素质的意义主要体现在以下方面：

第一，人力资源发展需要信息素质。在信息瞬息万变的今天，市场竞争的根源就是人才的竞争，必须广、快、精、准地掌握与人力资源相关的政策、技术、市场、管理等全方位信息，进行科学决策，开发人才，才能从本质上全面提高组织的社会效益和经济效益。

第二，能够改善员工的知识结构。信息科学是一门新兴的交叉科学，涉及计算机科学、通信科学、心理学、逻辑学等诸多相关学科。随着科学技术的飞速发展，信息科学与其他学科知识一样，不断推陈出新。只有及时补充各学科的历史、现状和未来的信息知识，才能充分激发员工已有的业务潜能，改善员工单一的知识结构，重塑员工崭新的能力构架，使员工充分运用现代的信息工具，积极主动地跟上时代发展的步伐，成为信息化建设的贡献者和受益者。

第三，使信息价值得到更大程度的体现与发挥。信息是科学决策的基础，在人力资源管理中发挥着巨大作用。普及信息知识，提高信息处理能力，能使人们在人力资源管理信息化过程中，充分挖掘信息环境中的各种有利因素，排除不利因素，了解过去、把握现在、预测未来，让信息化建设更加有的放矢。

第四，进一步提高单位的信息管理水平。人既是信息的需求者，又是信息的提供者，互利互惠、互相依存，总体上的信息需求结构达到动态的基本平衡，在单位内部形成一个有效的信息增值网络。此外，普及信息知识还能激发人们潜在的信息需求，促使单位根据需求进一步完善人力资源管理系统的功能，对人力资源管理信息化提出更高的要求，最大限度地发挥人力资源信息的社会经济价值，促进人力资源管理信息化向高质量发展。

（2）信息素质的主要内容

信息化人才要做好本职工作，出色地完成任务，必须具有较高的信息素质。信息素质的内容主要包括以下几个方面：

第一，强烈的信息意识。当今社会已经进入信息时代，信息无处不在，谁重视信息，谁就能赢得主动。人力资源管理者要有敏锐的信息意识，广泛收集人力资源信息，精心加工、准确提供、快速传递、充分利用，以适应人力资源管理信息化发展的客观要求。强烈的信息意识主要表现在三个方面：一是对信息的敏感性。对信息反应快的人，思维敏捷，机智聪颖，应变能力强，适应环境能力强，善于将信息现象与实际工作迅速联系起来，善于从信息中找到解决问题的关键。二是对信息的观察力。具有强烈信息意识的人，对信息的关注会成为一种习惯性倾向且不受时间和空间的限制。无论在工作范围内，还是在日常生活中，他们都善于收集信息，并把这些信息与要解决的问题联系在一起。三是对信息价值的判断力。一个具有强烈信息意识的人，除对信息有敏感性之外，更重要的是对信息价值的发现以及分析加工的能力。要分析信息的价值，对有价值的信息充分利用。信息意识是在人力资源管理活动中产生和发展的，是在长期工作和学习中不断形成的。当对信息的开发利用变成一种自觉行动时，就会逐渐树立起信息意识。

第二，信息管理能力。信息管理能力是指信息技术能力、认识能力、信息沟通和人际关系的才能、领导艺术和信息管理技能以及战略信息分析和规划决策的能力，即运用信息管理科学的基本原理和方法，提高在实际工作中认识问题、分析问题和解决问题的本领和技巧。

第三，管理信息服务能力。管理信息服务能力即围绕特定的管理业务进行的信息搜集服务、检索服务、研究与开发服务、数据资料提供和咨询服务的能力。信息服务工作的开展必须依据管理科学和心理行为科学的理论，根据服务对象的不同，进行用户研究和用户管理工作。

第四，信息处理能力。信息处理能力即获取和处理信息的能力，具备信息获取能力、信息加工能力、信息激活能力、信息活动策划能力、决策能力、指挥能力，是人们认识问题、解决问题的本领。

2.业务素质要求

（1）娴熟的专业能力

娴熟的专业能力包括：系统掌握有关人力资源管理的理论知识；熟悉人力资源部门各个业务环节的基本技能，了解整个业务工作的流程及各项业务的有机联系；掌握人力资源工作的基本技能和基本方法，具备人力资源信息获取、加工、开发和交流的能力，精通本职工作。随着知识、新技术的不断更新，信息化人才及时地学习、补充新的人力资源管理业务知识和技能，以便适应新时期人力资源管理发展的需要。

（2）驾驭现代科技设备的能力

随着现代科技日新月异的发展和办公自动化的普及，特别是电子计算机及现代通信技术在人力资源管理中的应用，人力资源管理的方法发生了深刻的变化，正在从传统的手工管理模式向现代化管理模式转变。只有学会新的思维方式，掌握现代科学知识，能够驾驭现代科技设备，熟悉计算机技术、信息开发技术、网络技术，并能运用科学的方法和技术，才能更好地进行人力资源管理，大力开发人力资源信息，从而加快人力资源管理信息化进程。

信息化人才要具有掌握现代化办公设备的能力，掌握计算机操作技术、复印技术、打字技术、录音录像技术、光盘刻录技术等现代化手段，能熟练使用电子计算机、打字机、传真机、复印机设备。随着现代科学技术的突飞猛进，人力资源工作设备与技术的现代化也得到了极大发展。电子计算机系统、缩微复制系统、声像技术系统、电视监护系统、自动报警系统、自动灭火系统在人力资源管理工作及人力资源信息管理中将日益得到广泛应用。这就要求信息化人才掌握运用电子计算机储存和检索信息的技术，掌握缩微胶卷、胶片、影片、照片、录音带、录像带、磁带、磁盘、光盘等各种新型载体人力资源信息的保管条件、保管技术和利用手段，能够熟练地应用新技术进行人力资源信息的存储、自动标引、图形处理和自动利用，实现对人力资源信息的科学管理和开发利用。

信息化人才要不断提高驾驭现代化科技设备的能力，提高设备的利用率，充分发挥其功能，变单机操作为联机操作，运用网络系统，实现人力资源信息共享，提升信息化水平。

（3）熟练的工作能力

信息化人才熟练的工作能力包括：熟悉社会信息化的发展动向和本单位人力资源管理现代化状况，把握社会对人力资源信息需求的变化特点，脚踏实地进行人力资源管理信息化建设，进行人力资源信息的开发和利用，提高人力资源工作的效率、质量和水平；较强的处理问题、解决问题的能力，能根据利用者提供的关于时间、内容、作用等不同的信息线索，快速、准确地提供人力资源信息利用；能够利用互联网、多媒体技术拓展工作空间，提高工作效率，实现各部门的交互作用，使人力资源信息优质高效、无时空限制地进行资源共享，从而更好地为信息化发展服务。

（4）开拓创新能力

开拓创新是破除传统思想观念，建立现代化的创造性的思维方式，开创人力资源管理信息化工作新局面，发展人力资源管理事业。创造性的思维是多种思维方式的综合表现，主要体现为强烈的创新意识、奋发进取的创新精神、从容应对新情况和新问题的创新能力。观念的更新是提高人力资源管理质量与效率的基础。人力资源管理工作要在信息时代取得新的理论、实践、技术成果，实现信息化发展，就要求信息化人才具备创新思维。

3.知识素质要求

在经济全球化、社会信息化的背景下，信息化战略的重要性不断得到重视，各单位纷纷开始寻求信息化人才。既通晓信息科技，又熟悉组织策略、业务流程且精通电脑网络的人才，将在信息化建设中发挥越来越重要的作用。

信息化人才要具备广博的知识，既要有丰富的知识，又要有学科的专深知识。随着现代科学技术的发展，各类边缘学科、综合学科和交叉学科的兴起，要求信息化人才要有科学的头脑，善于学习，具有广博深厚的知识基础，并不断更新自己的知识结构。这样才能融会贯通，有所发现，有所创新，使自己能跟上时代发展的步伐，从而适应人力资源管理工作不断变化的新需要。

一般来讲，信息化人才的知识结构包括以下几方面：

第一，业务知识。精通人力资源管理的业务知识，是信息化人才必须具备的基本功。因此，信息化人才必须学习人力资源管理理论知识，不断加强继续教育，更新知识，熟悉本专业的新理论、新知识、新技术，熟悉人力资源管理各项业务环节的专门知识，成为人力资源管理的通才。

第二，信息管理业务知识。信息管理业务知识指信息管理的基本原理和方法，以及与信息管理业务活动有关的计算机科学知识和信息技术知识。信息管理学是一门边缘学科，是由计算机科学、管理科学、信息科学交叉形成的，涉及社会科学和自然科学的许多领域。信息化人才要深入学习，综合运用相关知识。

第三，现代科学技术知识。科技的发展使人力资源管理日益科学化、规范化、智能化，应该学会熟练使用计算机进行人力资源管理，学习一些科学基础知识，如高等数学、物理学、化学、电子学微电子技术、办公自动化、仪器设备维护及标准化知识等，特别是要掌握涉及电子人力资源工作方面的应用知识。

第四，现代信息技术知识。信息社会的发展不仅对人力资源管理提出了新的要求，而且使人力资源信息的来源、载体、管理方式、加工方式、传播方式发生了变化，只有具备信息技术方面的知识，才能有效地处理人力资源信息，加强人力资源管理。

第五，管理科学知识。人力资源管理信息化建设是一个系统工程，它的实施必须建立在科学管理的基础上。因此，信息化人才要掌握行政管理、经济管理知识，了解信息论、系统论、控制论知识，以提高决策和管理水平。

第六，外语知识。随着网络化的进一步发展扩大，中国用户通过互联网与国际连接，大量的国外信息资源以外文的记录形式出现在网上。如果不能熟练地掌握外语这个工具，就不能获得国际化人才信息和国外人力资源管理发展的信息。信息化人才只有具备一定的外语水平，才能在信息海洋中迅速而有效地获取有价值的信息资源。特别是在信息和网络时代，全球的信息交流日益频繁和便利，学习外国先进经验与管理技术，与国际现代化人力资源工作接轨，参与国际学术交流，进行人力资源信息对外交流和服务，都需要熟练掌握一门或多门外语，达到能看、会听、日常对话及一般笔译的水平，以适应人力资源信息国际交流的需要。

人力资源管理信息化必须树立以人为核心的管理思想。如果信息化人才准备不足，势必会极大地影响到人力资源管理的发展。因此，当前的首要任务就是要培养合格的信息化人才。

（二）人力资源管理信息化人才队伍的培养对策

信息时代的核心是科技，关键是人才。要造就一批人才，形成一支推进人力资源管理信息化的基本队伍。

1.注重人才队伍建设与加速人才培养

（1）注重人才队伍建设

在信息时代背景下，不论是领导还是员工都迫切地需要转变传统的管理理念，尤其是领导，更要重视电子环境下的人力资源工作，在资金、人员和政策上加大支持力度，以新的方式、新的观念全方位发掘、培养、选拔人才，建立人才库和激励机制。要不拘一格选人才，着重解决人力资源管理信息化人才队伍建设中存在的突出问题，把工作重点放在高层次和紧缺人才方面，注重人才队伍建设的整体推进和协调发展。

（2）利用各种途径加速人才培养

人力资源管理信息化建设急需大量的信息技术人才。要加强继续教育，通过委托代培、在职业务学习、专题讲座和学术报告以及业务函授、自修班和专业研究班学习等形式培养人才。要充分利用学校教育，从人力资源管理、信息管理专业的博士、硕士、本科、专科毕业生中选拔人才，为信息化人才队伍输送新鲜血液，不断充实信息化人才队伍。要强化社会教育，通过多种途径和手段，采取有效措施和政策，形成多层次、多渠道、多形式的人才培养体系，培养适应信息化发展的多门类、多层次的信息化人才，使之具有计算机知识和网络知识，熟悉数字化、网络化的环境，成为既精通信息技术又精通业务的复合型人才，在信息化进程中充分发挥作用。还可以制定引进人才的相关政策，创造良好的人才环境，吸引海内外优秀信息技术人才。

2.加强信息技术技能训练的培养

在信息化条件下，人力资源管理工作的技术性必然要求信息化人才具备操作计算机等现代办公设备的能力，并能熟练地运用开发系统；在信息检索方面，能熟练运用计算机技术，实现自动化、在线化；能运用通信技术，熟悉信息系统软件和网络工具；能运用多媒体技术，提供图、文、音、像一体化的多媒体信息服务。因此，要进行专业人员的知识培训和技能训练，使之具备现代化的管理知识，了解电子环境下人力资源管理的全过程和发展趋势，掌握应有的信息技术，确保人力资源管理系统更科学、更合理、更高效地发挥作用。

3.普及信息知识

一流的人才能造就一流的组织。实现人力资源管理信息化，需要信息化人才具有信息观念和信息知识。通过多种方法和手段普及信息知识对提高信息化人才的信息素质至关重要，而且必将对信息化产生良好的效果和积极的影响。

（1）普及信息知识的具体方法

一是专题讲座。举办专题讲座是提高信息化人才信息素质的有效途径。主讲者可以是国内著名的信息学专家，也可以是对信息有独到见解和丰富经验的集团和公司领导，还可以是长期从事信息业务的工作人员。主讲内容以信息领域中某一方面知识的深入剖析为主，采取理论与实践相结合的方式，使信息化人才既有感性认识又有理性认识。

二是专题研讨。组织从事人力资源工作的相关人员和领导就当前的信息化形势和单位人力资源信息系统现状进行研究和讨论，将有助于掌握更多的信息知识和技能，利于对已有信息资源深层次开发和利用。

三是发行手册。用通俗易懂的文字或以图文并茂的形式将信息系统的软件、硬件操作手册或使用指南编辑成册，既有较广的发行面，又能具有一定的累积性，方便学习人员自学和备查。

四是参观考察。组织从事人力资源管理工作的相关人员和领导到信息行业的先进单位参观学习，获取信息，对比找差距，使信息系统更为合理、有效。

（2）普及信息知识的主要原则

第一，简明性原则。信息技术是信息化管理的工具和手段，因此普及信息知识，必须以简明、概括为原则，深入浅出，循序渐进，起到事半功倍的效果。

第二，实用性原则。普及信息知识要注重实用性。以使用率高、能直接在工作中运用且具有明显成效的信息内容为主，尽量介绍与目前已建成的可操作的信息软件、硬件紧密相连的有关信息知识，如因特网的检索与电子邮件的使用等，这样才能增强学习人员的学习兴趣，达到学以致用的目的。

第三，新颖性原则。在进行普及信息知识的活动中，无论是信息知识的内容还是形式都要与国内外信息化发展趋势、内外部信息环境、信息技术的最新动态保持同步，具有强烈的时代感和鲜明的新颖性，以提高学习人员的学习效率和水平。

第四，层次性原则。普及信息知识要因人而异，根据人们的知识水平、专业结构、职务职位、业务能力因材施教，做到授其所需，补其所短。

4.强化信息化人才培训

信息化人才的培训，涉及全面、及时地提高人们的素养和知识结构、掌握基本技能与新的技术手段，增强适应不断变化的工作环境、接受新思想、新事物的能力。可以按照信息化人才素质的要求，建立培训机制，有计划、有组织、有目的，多渠道、多形式地开展队伍培训。

（1）信息化人才培训的主要方法

第一，理论培训。理论培训是提高信息化人才队伍理论水平的一种主要方法。可以采用短训班、专题讨论的形式，学习人力资源管理、信息管理的基本原理以及一些新的研究成果，或就一些问题在理论上加以探讨。可以通过研讨会、辅导、参观考察、案例研究、深造培训，提高对理论问题的认识深度。总之，各级各类组织在具体的培训工作中，要根据单位的特点来选择合适的方法，使培训工作真正取得预期的成效。

第二，岗位培训。岗位培训是根据岗位职责的需要，以受训对象的知识和实际工作能力与所在岗位现实和未来需要为依据，着重于岗位所需能力的培养和提高。岗位培训为信息化人才不断补充和更新知识与技能，使其知识、技能与人力资源工作的开展保持同步；可以规范业务行为，提高管理的效率，减少工作失误；可以开发人力资源，发现人才，培养人才。

岗位培训的形式主要有：一是鼓励信息化人才参加专业或相关专业的函授教育、自学考试教育、电视教育、网络教育等高等学历教育，系统学习科学文化知识。二是聘请专家、学者讲学，使信息化人才及时接受最新的思维观念、科学技术、管理理论和管理方法。三是在单位内开办培训班，对即将从事人力资源工作的人员进行岗前培训，学习单位的人力资源管理规章制度、操作方法。四是鼓励信息化人才利用业余时间自学人力资源管理知识和相关科学文化知识。

（2）信息化人才培训的注意问题

首先，信息化队伍建设要与信息化目标相结合。要清楚地认识到，对信息化人才培训的目的是提高他们的工作素养和能力，以更好地适应现职务或新职务的要求，保证信息化目标的实现。

其次，充分调动积极性。针对参加培训人员的各自情况决定具体的培训内容，才能产生好的培训效果。应该精心策划培训内容，让每一个参加培训的人员能真切地感受到培训是一次难得的机会，能够学到有价值的内容，从而积极主动地参加学习。

最后，理论与实践相结合。在培训时，必须注重学以致用，把理论培训与实践锻炼有机结合。只有这样才能有效地达到培训目的，培养出既有一定理论水平，又有一定的实践经验，素质和能力都较高的合格信息化人才，从而形成一支推进人力资源管理信息化的信息化人才队伍。

5.积极建设梯队的信息化人才队伍

人力资源管理信息化人才队伍建设，应重点突出，目标明确，形成梯队。

第一，信息化人才骨干队伍的建设。重点抓好高层次骨干人才的培养，特别要注意发现和培养一批站在世界科技前沿、勇于创新和创业的带头人，具有宏观战略思维、能够组织重大科技攻关项目的科技管理专家及人力资源技术专家。探索新形势下加速信息化人才骨干队伍建设的新思路，把培养信息化人才骨干当成一项至关重要的任务来抓。

第二，青年信息化人才的培养。拓宽视野，不拘一格，注重发现具有潜质的信息化青年人才，为他们提供施展才华的舞台。要重视培养年轻人的创新精神和实践能力，鼓励他们在信息化建设过程中和工作实践中努力拼搏。大力倡导团结协作、集体攻关的团队精神，努力培养信息化青年人才群体。注意正确处理好现有人才与引进人才的关系，建立各类优秀青年人才平等竞争、脱颖而出、健康成长的机制，不断探索培养优秀青年信息化人才的途径。

第三，信息化管理人才的培养。信息化规划的实施与落实，需要引进、开发、投资建设一大批信息资源及网络基础设施。为保障信息化的快速、稳定、健康发展，需要一批具有较高专业素质的管理人才从事资源及设施的建设、运行、管理及维护工作。信息化管理人才的培养，要考虑队伍的稳定性，在培养对象的选择方面要注重是否具备较高的政治素质，是否热爱人力资源管理事业，同时在政策上要有良好的激励机制和制约措施。

第四，信息化技术应用型人才的培养。信息化建设的最终目标是要培养具有综合职业能力和信息化意识，并掌握现代信息技术、计算机技术、通信技术、网络技术的适应现代化建设需要的应用型人才和高素质劳动者。这是检验信息化建设服务于人力资源事业体系的建立、服务于人力资源管理现代化、服务于经济和社会发展的标准。

应该充分创造条件，采用多种途径对信息化人才进行培训，尽快普及现代信息技术、计算机技术、通信技术、网络技术的教育，组织从事人力资源工作者参加社会认可的计算机应用资格证书考试，让更多的人参与到信息化建设工作中来。

6.重视加强信息化人才队伍建设的组织领导

人是社会信息活动的核心，人才问题是信息化的根本保证。从现在起就要有目的、有计划地培育和吸纳优秀人才，为信息化建设准备坚实的人才基础。为了培养综合素质的人才，逐步形成知识结构合理、层次配置齐全的信息化人才队伍，加快信息化建设的步伐，完成时代赋予人们的历史使命，必须加强信息化人才队伍建设的组织领导。

第一，重视人才队伍建设工作的领导。各级人力资源部门和领导干部要真正树立科技是第一生产力和人才是"第一资源"的意识，把信息化人才队伍建设工作摆上重要议事日程，引导人们特别是青年人树立正确的世界观、人生观、价值观，求实创新、拼搏奉献、爱岗敬业、团结协作，努力成为信息化建设的有用人才。

第二，健全人才建设的工作机制。建立和完善信息化人才交流制度，加强各地区、部门之间的联系、沟通，协调有关重要政策的研究、执行和工作部署、落实。

第三，加强人力资源管理部门自身建设。充实人力资源管理部门力量，配备高素质人员，并保持相对稳定。提供必要的工作条件，保证工作经费，加强对人员的境内外培训，提高综合素质、服务意识和信息安全意识。重视对人才理论、人才成长规律和管理规律的研究，学习借鉴国外人力资源开发的经验。

第四，加强督促检查，狠抓落实。抓紧建立一支掌握先进科学技术和管理知识、政治素质好、创新能力强的信息化人才队伍，是事关人力资源管理当前和长远发展的根本大计。人力资源部门要结合实际，在抓落实上下功夫。定期对信息化人才队伍建设进行调查研究、督促检查。要进一步提高对人才问题的认识，把培养优秀的人才工作摆到更为重要、更为突出的位置上来，加快创造有利于留住人才和人尽其才的社会环境，切实加大工作力度，努力营造充分发挥人才作用的良好氛围，从而保证信息化目标的实现。

第二节　人力资源管理信息系统的功能解析

人力资源管理信息系统是由相互联系的各个子系统组成的，子系统与子系统之间相互关系的总和构成了人力资源管理信息系统的整体结构。不同的管理层次和工作任务对应不同的系统，要求系统发挥不同的功能。

一、信息处理与服务功能

（一）信息处理功能

人力资源管理信息系统设置标准化计量工具、程序和方法，对各种形式的信息进行收集、加工、整理、转换、存储和传递，对基础数据进行严格的管理，对原有信息进行检索和更新，从而确保信息流通顺畅，确保及时、准确、全面地提供各种信息服务。

1.数据处理

数据处理涉及设备、方法、过程以及人的因素的组合，完成对数据进行收集、存储、传输或变换等过程。数据处理是将原始数据资料收集起来，输入计算机，计算机进行文字处理的过程。在计算机屏幕上直观、方便地对文字进行录入、编辑、排版、增删和修改，方便存档、复制、打印和传输，由计算机完成计算、整理加工、分类、排序和分析等信息处理工作，并由计算机进行数据的识别、复制、比较、分类、压缩、变形及计算活动。数据处理实现了信息记录及业务报告的自动化，通过对大批数据的处理可以获得对管理决策有用的信息。

2.电子表格

人力资源管理信息系统拥有丰富的人力资源数据，具有灵活的报表生成功能和分析功能。能够用软件在计算机上完成制表、录入数据、运算、汇总、打印报表等各项工作，能十分快捷地设置出准确、美观的表格。系统直接利用来源于各基本操作模块的基本数据，既以信息库的人力资源数据作为参考的依据，又根据人力资源管理者提供的信息进行综合分析，为人力资源管理者提供从不同角度反映人力资源状况的信息报表和分析报表。报表提供的不是简单的数据，而是依赖于常规的人力资源管理与分析方法，从基本的数据入手，形成深层次的综合数据。报表反映了管理活动的本质，指导着管理活动。

3.电子文档管理

运用电子文档处理文件，实现文件的审定、传阅、批示、签发以及接收、办理、反馈、催办、统计、查询、归档等环节的计算机处理。用计算机管理文件材料，完成文件的编目、检索，进行文件信息统计分析，实现利用者的身份确认、签名、验证，办理借阅手续，方便利用者的查找，达到安全管理信息的目的。

4.图形与图像处理

图形处理是利用计算机完成条形图、直方图、圆瓣图和折线图等各种图形的制作，对图形进行剪辑、放大、缩小、平移、翻转等处理，满足不同需求的使用。图像处理是利用计算机将图像转变为数字形式，再用数字形式输出并恢复为图像。主要包括图像数字化、图像增强与复原、图像数字编码、图像分割和图像识别等。

（二）信息服务功能

人力资源管理信息系统的特点，是面向管理工作收集、存储和分析信息，提供管理需要的各种有用信息，为管理活动服务。

1.整合优化管理

由于现代管理工作的复杂性，人力资源管理信息系统以电子计算机为基础，按照所面向的管理工作的级别，对高层管理、中层管理和操作级管理三个层面展开服务。按其组织和存取数据的方式，可以分为使用文件和使用数据库的服务；按其处理作业方式，可以分为分批处理和实时处理的服务；按其各部分之间的联系方式，可以分为集中式和分布式服务。一个完整的管理信息系统，能够针对个多层次的结构，以最有效的方式向各个管理层提供服务，使各层次间结合、协同行动。一方面进行纵向的上下信息传递，把不同环节的行为协调起来；另一方面进行横向的信息传递，把各部门、各岗位的行为协调起来。

人力资源管理信息系统，通过各种系统分析和系统设计的方法与工具，根据客观系统中信息处理的全面实际状况，合理地改善信息处理的组织方式与技术手段，以达到提高信息处理的效率、提高管理水平的目的。人力资源管理信息系统是为各项管理活动服务的一个信息中心，具有结构化的信息组织和信息流动，可以按职能统一集中电子数据处理作业，利用数据库构成较强的询问和报告生成能力，有效地改善各种组织管理，提高电子计算机在管理活动中的应用水平。只有这样，管理活动才能成为一个有机的整体，呈现整体化和最优化的局面。

2.组织结构管理

人力资源管理信息系统根据相关信息，形成组织结构图，提供组织结构设计的模式。通过职能分析，确定职务、职能、职责、任职要求、岗位编制、基本权限等，形成职务职能体系表，并根据不同职位的职责标准，进行职责诊断。人力资源管理信息系统根据需要对组织结构及职位关系进行改动、变更，对职位职责、职位说明、资格要求、培训要求、能力要求及证书要求进行管理，配置部门岗位和人员，生成机构编制表，进行岗位评价，实现为部冗余人员和空缺岗位的匹配查询。

3.人事管理

人力资源管理信息系统具有对人员档案中的信息进行记录、计算查询和统计的功能，方便人事管理。该系统对每个员工的基本信息、职位变更情况、职称状况、完成的培训项目进行维护和管理。记录人事变动情况，管理职员的考勤，形成大量的声音、图像及其他各种形式的信息，并保存在信息库中。人力资源管理信息系统拥有人员履职前资料、履职登记及培训、薪资、奖惩、职务变动、考评、工作记录、健康档案等丰富的信息。可以按照部门人数、学历、院校、专业、籍贯、年龄、性别等进行分类统计，形成详尽的人力资源状况表，并通过众多的检索途径，直接提供满足各种需求的信息利用，在员工试用期满、合同期满时，自动通知人力资源部门处理相关业务。

4.招聘管理

人力资源管理信息系统能够为招聘提供支持，优化招聘过程，进行招聘过程的管理，减少业务工作量；对招聘的成本进行科学管理，从而降低招聘成本；为选择聘用人员的岗位提供辅助信息，有效地帮助管理人员进行人力资源的挖掘。

5.薪资管理

人力资源管理信息系统可以根据基本数据，在职务职能设计的基础上，进行岗位分析，确定薪酬体系，自动计算单位及各部门的薪酬总额、各种人事费用比例、各级别的薪酬状况，及时形成薪酬报表、薪酬通知单等。该系统能根据现状对薪酬体系进行自我调整，形成详尽的薪酬体系表和薪级对照表，便于对薪资变动的处理。

6.绩效考核管理

人力资源管理信息系统的绩效考核功能，包括考核项目定义、考核方案设置、考核等级定义、考核员工分组定义、考核记录、考核结果。该系统根据职务职能设计将人员分成决策层、管理层、基本操作层、辅助运作层等，分别设计考评的标准，对月份、季度、年度考核进行统计分析，并与薪酬、奖惩体系等进行数据连接，为生成数据提供便利。

7.培训管理

人力资源管理信息系统能制订培训计划，对培训进行人、财、物的全面统筹规划，并在资金投入、时间安排、课程设置等方面实施控制。该系统对课程分类、培训计划等提供了基本的模式，根据职位中的培训要求及员工对应的职位，能自动生成培训安排。员工职位变动后，其培训需求能自动更改，可直接增加培训计划，也可由培训需求生成培训计划。人力资源管理信息系统能够获取培训过程中的各种信息材料，逐步形成专业的培训信息库，使个人的培训档案能够直接与生涯规划紧密联系在一起。人力资源管理信息系统可以从培训教师、培训教材、培训时间安排、培训场地、培训方式、培训情景等方面进行综合评估，检查培训的效果。

二、信息事务处理、计划与控制功能

（一）信息事务处理功能

人力资源管理信息系统能优化分配人力、物力、财力等在内的各种资源，记录和处理日常事务，将工作人员从单调、繁杂的事务性工作中解脱出来，高效地完成日常事务处理业务，既节省人力资源，又提高管理效率。

人力资源管理信息系统在审查和记录人力资源管理实践过程中，通过文字处理、电子邮件、可视会议等实用技术，以及计算和分析程序，进行档案管理、编制报告、经费预算等活动。集中实现文件材料管理、日程安排、通信等多种作用，辅助人力资源管理者进行事务处理，协调各方面的工作。人力资源管理信息系统的事务处理功能具有以下两个特性：

第一，沟通内部与外部环境之间的联系。在内、外部之间架起一座桥梁，确保信息交流渠道的畅通，及时、准确地获取有用信息，并向外界进行有效的信息输出。

第二，系统既是信息的使用者，又是信息的提供者。系统与外界环境联系密切，在运行过程中产生并提供信息利用，管理者通过它获取有关组织运转的现行数据和历史数据，从而很好地了解组织的内部运转状况及其与外部环境的关系，为管理决策提供依据。

（二）信息计划与控制功能

人力资源管理信息系统的计划功能表现在，系统能体现未来的人力资源的数量、质量和结构方面的信息，针对工作活动中的各种要求，提供适宜的信息并对工作进行合理的计划和安排，保证管理工作的效果。人力资源计划按重要程度和时间划分，有长远规划、中期计划和作业计划等；按内容划分有人员储备计划、招聘计划、工资计划、员工晋升计划等。人力资源管理信息系统可以对有关信息进行整合，形成完整的人力资源计划，为人力资源管理提供利用。

控制是人力资源管理的基本职能之一，而信息是控制的前提和基础。及时、准确、完整的信息可以保证对人力资源管理全过程进行有效的控制，做到指挥得当，快速应变。人力资源管理信息系统能对人力资源管理的各个业务环节的运行情况进行监测、检查，比较计划与执行情况的差异，及时发现问题，并通过分析出现偏差的原因，采用适当的方法加以纠正，从而保证系统预期目标的实现。

三、信息预测功能

人力资源管理信息系统不仅能实测现有的人力资源管理状况，而且可以对人力资源管理活动进行科学分析和组织，利用过去的历史数据，通过运用适当的数学方法和合理的预测模型来预测未来的发展情况，对人力资源需求、劳动力市场、未来战略、职业生涯和晋升等做出科学预测。

人力资源管理信息系统通过对行业信息、人才市场信息等做出测评，针对不同的岗位，按照一定人力资源规划的方法进行综合计算，预测某一时期内单位及各职能部门的需求人数，并对人员的学历、资历、专业、工作行业背景、毕业院校等基本素质进行规划，最终自动生成详细的易操作的人力资源规划表，确定新进、淘汰、调动、继续教育的基本目标。对人员、组织结构编制的多种方案进行模拟比较和运行分析，并辅之以图形的直观评估，使辅助管理者做出最终决策。

人力资源管理信息系统可以制定职务模型，包括职位要求、升迁途径和培训计划。根据担任该职位员工的资格和条件，该系统提出针对员工的一系列培训建议，一旦机构或职位发生变动，系统会提出一系列的职位变动或升迁建议，对人员成本做出分析及预测。

四、信息决策支持功能与信息执行支持功能

（一）信息决策支持功能

随着社会的不断发展，信息变得越来越重要。真实、准确的人力资源信息是进行决策的坚实基础。所以，人力资源管理信息系统的决策支持功能非常重要。把数据处理的功能和各种模型等决策工具结合起来，依靠专用模型产生的专用数据库，针对某方面具体的决策需要，专门为各级、各层、各部门决策提供人力资源信息支持，可以达到决策优化。

信息的决策支持功能的学科基础是管理科学、运筹学、控制论和行为科学。通过计算机技术、人工智能技术、仿真技术和信息技术等手段，利用数据库、模型库以及计算机网络，针对重要的决策问题，做好辅助决策支持。决策支持功能具备易变性、适应性、快速的响应和回答，允许用户自己启动和控制的特征。

信息决策支持的类型主要有：第一，专用决策支持，针对专业性的决策问题，如招聘决策、人力资源成本决策，具有决策目标明确、所用模型与程序简单、可以直接在系统中获得决策结果的特点。第二，集成决策支持，能处理多方面的决策问题，模型、数据库和计算机网络处理的决策问题，具有更强的通用性。第三，智能决策支持，由决策

者把推测性结论与知识库相结合，用来解答某些智能性决策问题。

信息决策支持面对的是决策过程，它的核心部分是模型体系的建立，为用户提供方便使用的接口。人力资源管理信息系统能充分利用已有的信息资源，包括现在和历史的数据信息等，运用各种管理模型，对信息进行加工处理，支持管理和决策工作，以便实现管理目标。它不但能在复杂且迅速变化的外部环境中，提供相关的决策信息，能从大量的信息中挖掘出具有决策价值的数据、参数和模型，协助决策者制定和分析决策，提高决策质量和可靠性，降低决策成本；而且还可以利用各种半结构化或非结构化的决策模型进行决策优化，提高社会经济效益。

信息决策支持要求提供的数据范围广泛，但对信息的数量和精度方面要求比较低。它通过灵活运用各种数学和运筹学方法，构造各种模型来支持最终的决策。

信息决策支持主要帮助管理者解决问题，使管理者不受空间和时间的限制，共享系统提供的各和信息。当支持决策的数据变量发生改变时，分析出现变化可能带来的结果，帮助管理者调整决策。

（二）信息执行支持功能

信息执行支持功能主要的服务对象是战略管理层的高级管理人员，它直接面对的是变化无常的外部环境。信息执行支持不同于决策支持，它只是为决策提供一种抽象的计算机通信环境。信息执行支持系统能以极低的成本和极快的速度向决策者提供有用的信息，从而保证管理者能进行及时的决策，避免耽误决策时机。为了方便高级管理人员操作，系统往往具有很友好的界面。

第三节 人力资源管理信息系统的开发与建立

一、人力资源管理信息系统的开发

人力资源管理信息系统是按照一定的管理思想，借鉴相应的管理理念开发出来的。人力资源管理信息系统的开发，要考虑系统的要素、系统的管理过程，分析系统开发的要求，在创造各种有利条件的基础上进行开发。

（一）人力资源管理信息系统的要素

人力资源管理信息系统作为实现管理现代化的重要手段，是由相互联系、相互作用的多个要素有机集合而成的，是执行特定功能的综合体。

1. 人员

人力资源管理信息系统是一个人机系统，人员是系统的重要组成部分。人力资源管理信息系统的人员包括数据准备人员与各层次管理机构的决策者以及系统分析、系统设计、系统实施和操作、系统维护、系统管理的人员。人力资源管理信息系统的实施，关键在于对系统人员的管理。应该将参与系统管理的人员，按照系统岗位的需要进行分工和授权，使之相互配合、协调一致地参与管理过程。明确规定系统各个岗位的任务、职权和职责，对人力资源管理信息系统人员承担的任务进行明确的授权；用客观、公正的评价指标和衡量优劣的方法，定期或不定期地对人力资源管理信息系统人员进行检查和评价；在对人力资源管理信息系统人员进行培训时，应对计算机专业人员与管理人员在内容上各有侧重。

2. 硬件系统

硬件主要指组成人力资源管理信息系统的有关设备装置，包括计算机、通信网络、和工作站。主要是进行信息输入、输出、存储、加工处理和通信。计算机是整个系统的核心；通信网络可采用局域网、因特网或其他网络，以适于不同部门、不同区域的需要；工作站可以是简单的字符终端或图形终端，也可以是数据、文字、图像、语音相结合的多功能的工作站。

3.软件系统

软件系统主要包括系统软件和应用软件两大类。系统软件主要用于系统的管理、维护、控制及程序的装入和编译等工作。应用软件包括指挥计算机进行信息处理的程序或文件等。

4.数据库

数据库是指数据文件的集合。数据库对各种人力资源的数据进行记录和保存，将这些数据和信息转化为人力资源管理信息系统可以识别和利用的信息，把所有人力资源信息纳入系统，使不同来源的输入数据得以综合，方便提供必要的利用。数据库的内容包括描述单位和员工情况的数据以及影响人力资源管理环境的因素，可以提供对于人力资源计划和管理活动具有广泛价值的多种类型的输出数据。应该把人力资源管理活动中形成的人力资源信息，按照数据库设计的要求转换成数据信息，及时更新、修改和补充新的数据，以便在满足基本业务需求的同时，能适应不断增长的业务信息需求。

5.操作规程

操作规程指的是运行管理信息系统的有关说明书，通常包括用户手册、计算机系统操作手册、数据输入设计手册等。遵循操作规程，整合优化人力资源管理，统一业务处理流程，就可以顺利地完成人力资源管理信息系统的各项功能，如信息处理、数据维护及系统操作等，从资源规划和整合上使人力资源管理信息系统得到更好的优化。

（二）人力资源管理信息系统的基本环节

一个完善的人力资源管理信息系统，包括信息输入、信息转换、信息输出、信息反馈与控制四个基本环节，其核心任务是向各层次的管理者提供所需的信息，实现信息价值，体现了人、机和信息资源三者之间的关系。

1.信息输入

向人力资源管理信息系统提供原始信息或第一手数据，即为输入。人力资源管理信息系统主要包括两个方面的信息：第一，组织方面的信息。第二，个人方面的信息。系统要完整、准确、及时地记录数据，加快信息更新速度，丰富信息资源。

2.信息转换

转换是指对输入的信息进行加工，使其成为对组织更有价值、更方便利用的信息形式。信息的转换要经过信息的分类、信息的统计分析、信息的比较和信息的综合处理等环节，要求确保信息的客观性和提高信息的可用性。人力资源管理信息系统对获得的原始信息材料做分类加工处理，就可得到许多能满足需求的有用信息，员工文化素质的结构、年龄结构、业务水平、培训情况等，使信息利用更有效。计算机和软件对信息进行转换，形成合成信息、深层次信息、计量模型和统计模型计算的数据，使信息转化为符合利用需要的信息，可帮助管理者做出科学的决策。用计算机系统进行信息加工，比手工的处理速度更快、更准确。

3.信息输出

输出加工处理后的信息成果，用报表、报告、文件等形式提供给系统外部，以供利用，如工资单、招聘分析报告。信息输出的形式因利用者对信息内容和质量的要求不同而有差异。一定要根据存储量、信息格式、使用方式、安全保密、使用权限等方面的要求来确定。人力资源管理信息系统的最终目的是为用户提供技术数据、管理信息和决策支持信息。信息只有经过输出，才能实现价值，发挥作用，变潜在价值为现实价值。人力资源管理信息系统输出高质量的信息，是管理活动的基础和依据，能够起到辅助管理的作用。

4.信息反馈与控制

信息反馈与控制是人力资源管理信息系统将信息输出后，输出的信息将管理活动作用的结果又返送回系统，并对系统的信息再输出发生影响的过程。利用系统提供的反馈信息，可以据此改变系统参数和重新配置人员，重新确定工作标准、配置人力资源、修订人力资源发展计划。反馈与控制能确保整个过程的实施，确保人力资源管理信息系统得到所预想达到的结果，以提高整个系统的有效性。

（三）人力资源管理信息系统开发的一般要求

人力资源管理信息系统具有复杂的结构形式，既要反映业务活动的特点，又要反映组织结构的特征，而且时间、环境、个体因素都会对其产生影响。因此，进行人力资源管理信息系统的开发要遵循一定的要求。

（1）完整性与集成性

人力资源管理信息系统是基于完整而标准的业务流程设计的，能够全面涵盖人力资源管理的所有业务功能，是用户日常工作的信息化管理平台。对员工数据的输入工作只需进行一次，其他模块即可共享，减少了大量的重复录入工作。人力资源管理信息系统，既可作为一个完整的系统使用，也可以将模块拆分单独使用，必要时还能扩展集成为一个完整系统。

（2）易用性

人力资源管理信息系统界面友好简洁，能直观地体现人力资源管理的主要工作内容，引导用户按照优化的人力资源管理流程进行每一步操作。尽量在一个界面显示所有相关信息，并操作所有功能，使信息集成度高，减少对大量弹出式对话框的烦琐操作。

（3）网络功能与自助服务

人力资源管理信息系统能提供异地、多级、分层的数据管理功能，日常管理不受地理位置限制，可在任何联网计算机上经身份验证后进行操作。

为员工与管理者提供基于 Web 的企业内部网络应用，允许员工在线查看企业规章制度、组织结构、重要人员信息、内部招聘信息、个人当月薪资及薪资历史、个人福利累计、个人考勤休假等；注册内部培训课程，提交请假、休假申请，更改个人数据，与人力资源部门进行电子方式的沟通；允许主管人员在授权范围内在线查看所有下属员工的人事信息，更改员工考勤信息，审批员工的培训、请假、休假等申请，并能在线对员工进行绩效管理；高层管理者可在线查看人力资源配置情况、人力资源成本变动情况、组织绩效、员工绩效等各种与人力资源相关的重要信息。

（4）开放性

人力资源管理信息系统能提供功能强大的数据接口，轻松实现各种数据的导入、导出以及与外部系统的无缝连接。便于引入各类 Office 文档，并将之存储到数据库中，规范人力资源文档的管理，并增加文档的安全性。能够支持所有主流关系型数据库管理系统以及各种类型的文档处理系统。

（5）灵活性

人力资源管理信息系统可方便地根据用户需求进行功能改造，更改界面数据项的显示。具有强大的查询功能，可灵活设置众多条件进行组合查询，支持中英文或其他语种实时动态切换。

（6）智能化

人力资源管理信息系统的自动邮件功能,可直接批量通过 E-mail 发送信息给相关人员，如通知被录用人员、给员工的加密工资单等，极大地降低管理人员的行政事务工作强度。人力资源管理信息系统设置了大量的提醒功能，以便用户定时操作，如员工合同到期、员工生日等，使人力资源管理变被动为主动，有效地增强员工对人力资源工作的满意度。

（7）强大的报表、图形输出功能

人力资源管理信息系统可以提供强大的报表制作与管理工具，用户可直接、快速设计各种所需报表，并能随时进行设计更改。报表可输出到打印机、Excel 文件或 TXT 文本文件。提供完善的图形统计分析功能（如条形图、圆瓣图、折线图等），输出的统计图形可直接导入 MS Office 文档中，快速形成人力资源工作分析报告。

（8）系统安全

对数据库进行加密，进行严格的权限管理，设定用户对系统不同模块、子模块乃至数据项的不同级别操作权限。建立数据定期备份机制并提供数据灾难恢复功能；建立日志文件，跟踪记录用户对系统每一次操作的详细情况。

（四）人力资源管理信息系统开发的条件

人力资源管理信息系统的开发及运行能够产生巨大的社会经济效益，但是必须具备一定的前提条件，否则不仅不能获益，反而会造成人力、财力、物力和时间的浪费。一般说来，开发人力资源管理信息系统应具备以下五个基本条件：

第一，管理基础坚实。人力资源管理信息系统应建立在科学管理的基础上。可以说，对该系统的开发过程就是管理思想和管理方法变革的过程。只有在合理的管理体制、完善的规章制度、稳定的工作秩序以及科学的管理方法的基础上，完善人力资源管理运作体系，实现工作规范化、系统化，才能充分地发挥人力资源管理信息系统的功能作用。

第二，领导重视。人力资源管理信息系统开发是一项复杂的系统工程，涉及统一数据编码、统一表格形式等多项协调工作，不能仅仅依靠专门技术人员的单独实现。从某种程度来说，领导的重视程度可以直接决定人力资源管理信息系统的应用效果，因为在管理信息系统开发与应用的各个时期，对于资源投入、总体规划等全局性的重大问题，需要领导决策。领导要了解人力资源管理信息系统的优势，熟悉计算机基础知识和系统基本操作，重视并积极参与系统开发工作。

第三，相关人员积极参与。要明确规定人力资源管理信息系统开发相关人员的职责，协调相互之间的关系，充分发挥该系统开发人员的作用。

人力资源管理信息系统开发相关人员要履行自己的职责，积极参与开发。方案设计人员，要具有非常好的计算机技术，熟悉自动化流程业务，负责整个项目的需求分析、方案论证和实施方案的设计。项目实施人员，负责整个系统的开发、测试和安装，保证系统实施过程中的质量，并定期将进展情况告诉其他人员。技术服务人员的主要职责是对用户进行操作指导和培训，做好技术支持服务。资料员负责提供和保管在系统开发实施过程中需要的各种数据和产生的各种文档。

业务人员主动配合对人力资源管理信息系统的开发与应用同样具有重要作用。在人力资源管理信息系统开发阶段，需要他们介绍业务、提供数据和信息；在人力资源管理信息系统建成之后，他们是主要的操作者和使用者。因此，他们的业务水平、工作习惯和对该系统的关注与参与程度，将直接影响该系统的使用效果和生命力。所以，要充分调动业务人员的积极性，使其能够很好地配合，主动参与人力资源管理信息系统的使用和部分开发工作。

第四，紧密结合实际。进行人力资源管理信息系统的开发，要做客观而充分的评估，了解人力资源管理现状，做出系统的预算，决定是否需要引入管理咨询，确定实施系统的范围与边界。既考虑满足当前人力资源管理需求，又设法确保该系统能够为人力资源管理层次的提升带来帮助。要从实际情况出发，不盲目地贪大求全，准确定位，寻找合适的解决方案。在功能层面上，根据人力资源管理的实际情况，规划有效的、能够产生价值的功能模块，如招聘、培训发展、薪酬、沟通渠道、绩效管理、福利管理、时间管理、自助服务等。要具备完整的系统运行环境，如服务器、硬件设备、用户服务支持、数据处理和管理、流程控制等。

第五，高水平的专业技术团队。人力资源管理信息系统的开发和运行必须有一支具备合理结构的专业技术人员队伍。队伍的组成包括：①系统分析员，主要进行该系统开发的可行性研究，做好调查研究，对系统目标、系统功能、系统的效益预测、资金预算、开发步骤与开发方法等进行分析。②系统设计员，是该系统的具体执行者和组织者，既要懂管理知识、计算机硬件软件知识和经济管理知识，又要具有该系统开发实践经验和组织能力，其主要任务是系统功能设计、数据库设计、系统设备配置安排、系统输入与输出设计、代码设计等。③数据员，主要负责与业务人员一起收集、整理和输入数据。④程序员，既要了解管理业务，又要具有程序编程设计能力。

二、人力资源管理信息系统的建立

（一）人力资源管理信息系统规划

人力资源管理信息系统规划阶段的主要任务是：明确人力资源管理信息系统开发的

目的，进行初步的调查，通过可行性研究，确定人力资源管理信息系统的逻辑方案。

第一，明确人力资源管理信息系统创建的目的。根据组织发展战略及现有规模，针对管理的需求，明确人力资源管理信息系统建立的目的，弄清系统要解决的问题。要对人力资源管理信息系统进行规划，做好各种人力资源信息的设计和处理方案，确定该系统发展的时间安排，建立该系统管理的各项规章制度，使管理人员和员工了解该系统的含义、目标、用途与作用。

第二，进行人力资源管理信息系统的调查与分析。通过对管理现状的初步调查研究，重点加以分析，深入全面了解业务情况。认识人力资源管理的发展方向和优先次序，找出人力资源管理工作的瓶颈，确定人力资源管理信息系统的目标和可能涉及的变量，确定人力资源管理信息系统计划的范围和重点。

第三，建立人力资源管理信息系统的逻辑模型。分析组织结构及功能，将业务流程与数据流程抽象化，通过对功能数据的分析，建立人力资源管理信息系统的运行模型，制定员工关系管理和人力资源服务模型电子化的目标、策略并制订实施计划，争取管理层的支持，力争获得资金和其他资源的支持。

（二）人力资源管理信息系统设计

人力资源管理信息系统设计阶段的主要任务是确定系统的总体设计方案，划分系统功能，确定共享数据的组织，进行具体详细的设计。人力资源管理信息系统设计要立足于操作简单、实用，并能真正解决实际的业务问题。

要分析现有的信息，为人力资源管理信息系统提供有效的数据。确定人力资源管理信息系统中数据的要求、最终的数据库内容和编码结构，说明用于产生和更新数据的文件保存和计算过程，规定人力资源信息的格式和处理要求，决定系统技术档案的结构、形式和内容要求，确定人力资源信息系统与其他智能系统的接口的技术要求等。

进行人力资源管理信息系统设计要优化人力资源管理流程。了解用户的使用体验，明确人力资源管理信息系统的功能和技术需求，设计功能模块，构建薪酬管理、绩效管理、招聘、培训、人力资源评估、福利管理和不同用户的人力资源自我服务功能，为人力资源管理搭建一个标准化、规范化、网络化的工作平台。通过集中式的信息库、自动处理信息、员工自助服务、外协以及服务共享，达到降低成本、提高效率、改进服务方式的目的。必须考虑人力资源管理信息系统的经济、技术操作的可行性，分析软件硬件的选择及配备、系统方案设计的合理性，分析人员组成与素质、人工成本，从成本和收益方面考察方案的科学性。要建立起各种责任制度,并需要专家与领导对人力资源管理信息系统进行评审。

(三)人力资源管理信息系统实施

人力资源管理信息系统实施阶段的主要任务是执行设计方案,调试系统模块,进行系统运行所需数据的准备,对相关人员进行培训。

第一,配置软件、硬件。购置硬件要注意型号选择。员工人数较少的单位可自行开发软件,开发的软件尽量简单、易用;人数较多的单位,则适宜外购软件或请专家帮助开发。在信息时代背景下,人力资源管理从思想到行动都发生着巨大的变化,正在变革中的人力资源管理要求软件能够以不变应万变,不断适应变化的需要,解决软件的灵活与操作的简单之间的矛盾,使软件具有生命力。

第二,保障人力资源管理信息系统的安全。由于现行的人力资源管理信息系统受到网络技术的制约,因此人力资源管理信息系统的安全问题也就显得尤为重要。要采取切实措施,保证系统内有关员工隐私和保密的数据,避免数据被泄露和篡改。此外,人力资源管理部门对员工绩效评估程序以及薪酬计划的制订等内部机密,也应当得到有效的保护。

第三,人力资源管理信息系统的日常运行与维护。人力资源管理信息系统达到可行性分析提出的各项要求,并通过验收后,就可以进入日常运行和维护。该系统的日常运行与维护涉及业务部门、人力资源部门和技术部门。业务部门进行日常数据输入,用指标、表格及模型把相关数据进行整合,提出新的信息需求,开展授权范围内的信息处理、查询、决策支持服务,对该系统运行做出评价和建议。人力资源部门进行数据使用与更新,根据各部门人力资源配置的新需求,整合信息,进行人力资源管理与决策支持。技术部门进行日常运行的管理与维护,对人力资源管理信息系统进行修改、补充、评价及检查。

人力资源管理信息系统投入使用后,日常运行和维护的管理工作相当重要。人力资源管理信息系统的实际使用效果,不仅取决于该系统的开发设计水平,还取决于系统维护人员的素质和系统运行维护工作的水平。

要对计算机的硬件、软件系统进行检查,对系统的使用环境进行评估,确定输入—输出条件要求、运行次数和处理量,提供有关实际处理量、对操作过程的要求以及使用者的教育情况的信息，对人力资源管理信息系统的输入进行控制。

第四，对相关人员进行培训。实现人力资源管理信息系统的良性运行，需要对相关人员进行培训，特别是对人力资源管理者进行培训。既要对人力资源管理人员进行人力资源管理信息系统的应用和简单维护的培训，又要对有机会接触该系统的员工进行系统操作方法的培训。培训必须以授权访问系统权限的高低来加以区别。

人力资源管理信息系统管理人员负责整个系统的运行维护和日常操作指导，其培训的基本内容是：人力资源管理信息系统的设计方案、安装调试和运行数据的组织、信息环境的配置、基础数据的定义、安全和备份、运行维护、常见问题的解决。

对于一般用户的培训内容主要是：人力资源管理信息系统的基本理论、各模块功能的基本操作、常见问题的处理。

（四）人力资源管理信息系统评价

人力资源管理信息系统评价阶段的主要任务是：针对该系统日常运行管理的情况，实施推广和综合评估，从而进行信息反馈和系统改进。人力资源管理信息系统评价主要包括以下四个方面的内容：

第一，人力资源管理信息系统运行一般情况的评价。分析该系统的运行效率、资源利用率及系统管理人员利用率等情况，判断对该系统的管理、服务改进的空间，评估各项业务需求是否按照高质量、高效率完成，最终用户是否对系统满意。

第二，技术应用情况评价。对人力资源管理信息系统应用、技术支持和维护进行评估，分析该系统的数据传递与加工速度是否协调，该系统的信息是否能够满足信息需求，外围设备利用率、系统负荷是否均匀，系统响应时间是否符合要求。

第三，效果评价。对人力资源管理信息系统的整体效果进行评估，分析提供信息的数量、质量是否达到要求，是否及时、准确地根据需求提供信息服务，提供的信息报表、管理参数的利用率及对管理决策的支持效果。

第四，经济评价。对运行费用和效果进行检查审核，评估人力资源管理信息系统的运行费用是否在预算控制范围内，考虑实施该系统后带来的收益和成本比。

人力资源管理信息系统评价的目的是健全和完善该系统。应该根据评价结果，对人力资源管理信息系统的某些方面进行改进、调整，开发新的功能和流程。要根据人力资源管理信息系统的需要，确定有关管理部门和管理人员对信息的特殊要求。对与人力资源管理信息系统有关的单位，提出保证该系统信息安全的建议，不断优化人力资源管理信息系统流程，使人力资源管理信息系统充分发挥效能。

第四节　人力资源管理信息系统的应用效果与风险控制

一、人力资源管理信息系统的应用效果

（一）全面人力资源管理

企业人力资源管理系统是一种适合多种人力资源管理解决方案的开放式平台：由用户自行定义多种信息数据项目；实现业务流程自定义与重组；管理工具以组件的形式灵活组配；通过战略模块控制不同层次的业务活动。通过提供人力资源管理的全员参与平台，使人力资源管理工作从高层管理者的战略设定、方向指导，到人力资源管理部门的规划完善，再到中层经理的参与实施，最终到基层员工的自主管理，形成一个统一立体的管理体系。

（二）业务模式清晰，界面友好灵活

企业人力资源管理系统为一般员工、直线经理和人力资源管理者等提供个性化的人力资源管理业务操作窗口，以事件和流程为中心规划业务进程，使琐碎的业务活动变得清晰、明了。针对每个操作员，该系统都能够定义其菜单的组织方式与个性化的名称，并且能够集成其他系统的应用，为每个操作员提供一体化、个性化的操作环境与应用平台。

（三）系统开放，转换灵活

企业人力资源管理系统通过客户化平台提供各种不同系统接口实现系统的开放和灵活转换，提供不同格式的数据导入、导出接口，方便与不同格式数据的灵活转换。

（四）强大的查询、统计和分析功能

企业人力资源管理系统提供查询模板、查询引擎、数据加工、查询统计、报表工具等不同的查询、统计、分析工具，同时根据规则进行结构分析、变化趋势分析等工作，实现强大的数据组合分析功能，实现决策支持。

（五）辅助支持功能

企业人力资源管理系统在"政策制度管理"中提供对国家和地方的政策法规等的分类检索和管理维护，给员工和人力资源管理者提供辅助支持，实现人力资源管理透明化。

（六）信息共享，灵活对接

作为企业信息系统的核心平台，通过可扩展平台实现人力资源管理系统与其他相关系统的对接，外部系统人力资源数据的共享，以及随着信息化发展存在的复杂的系统对接，从根本上扭转了相对独立的各系统之间信息无法共享的弊端。同时，所有信息由专人进行维护，并通过制定相应的信息浏览、调用和修改权限，保证了系统相应的子模块信息只能在权限范围内被正确使用，从而实现信息的及时、准确、安全。

（七）纵向管理，高效便捷

通过开发人力资源管理系统，逐步实现企业人力资源管理上下一条主线，充分发挥企业人力资源部门与各分子公司人力资源部门工作的指导、协调和沟通作用。

二、人力资源管理信息系统建设的风险控制

信息化人力资源管理建设的风险存在于整个项目的推进过程中，针对系统实施提出以下几点能有效控制风险的建议：

第一，项目组织保证。信息化人力资源管理建设工作是一项多方参与、共同完成的项目，为了保障项目规范化运作，需要设置相适应的组织机构，进行合理的人员分配，建立有效的沟通机制。

第二，项目制度建设。信息化人力资源管理的信息存在安全性和保密性高的特点，需要建立一整套相关制度，如系统管理部门、运行范围界定、操作人员等级权限划分、

安全操作注意事项、违纪违规处理等。严格按运行规则操作，保障系统安全稳定。

第三，培训工作。培训工作主要分为计算机网络技术和人力资源管理业务。按员工职能和工作授权的不同，有针对性地安排不同内容的培训，保障信息化人力资源管理系统的正常运转。

第四，预算控制。信息化人力资源管理建设的预算主要包括硬件、软件和实施三方面。在项目规划之初，做好预算管理工作，明确项目推进过程中各阶段的费用，并严格按照预算管理。

信息化人力资源管理建设是个复杂的管理过程，所以应从组织建设、规章制度、培训教育、财务控制等多方面进行持续性的保障与监管。

参 考 文 献

[1]吕惠明.人力资源管理[M].北京：九州出版社，2019.

[2]刘燕，曹会勇.人力资源管理[M].北京：北京理工大学出版社，2019.

[3]蔡黛沙，袁东兵，高胜寒.人力资源管理[M].北京：国家行政学院出版社，2019.

[4]曹科岩.人力资源管理[M].北京：商务印书馆，2019.

[5]田斌.人力资源管理：理念·案例·实践[M].成都：西南交通大学出版社，2019.

[6]祁雄，刘雪飞，肖东.人力资源管理实务[M].北京：北京理工大学出版社，2019.

[7]陈锡萍，梁建业，吴昭贤.人力资源管理实务[M].北京：中国商务出版社，2019.

[8]徐艳辉，全毅文，田芳.商业环境与人力资源管理[M].长春：吉林大学出版社，2019.

[9]李志.公共部门人力资源管理[M].重庆：重庆大学出版社，2018.

[10]郎虎，王晓燕，吕佳.人力资源管理探索与实践[M].长春：吉林人民出版社，2021.

[11]张同全.人力资源管理[M].3 版.大连：东北财经大学出版社，2018.

[12]李修伟.企业战略管理视角下的人力资源管理探究[M].长春：吉林人民出版社，2021.

[13]刘倬.人力资源管理[M].沈阳：辽宁大学出版社，2018.

[14]吕菊芳.人力资源管理[M].武汉：武汉大学出版社，2018.

[15]奚昕，谢方.人力资源管理[M].2 版.合肥：安徽大学出版社，2018.

[16]褚吉瑞，李亚杰，潘娅.人力资源管理[M].成都：电子科技大学出版社，2020.

[17]潘颖，周洁，付红梅.人力资源管理[M].成都：电子科技大学出版社，2020.

[18]李燕萍，李锡元.人力资源管理[M].3 版.武汉：武汉大学出版社，2020.

[19]张钧.图书馆人力资源管理[M].北京：中国商业出版社，2020.

[20]黄建春.人力资源管理概论[M].重庆：重庆大学出版社，2020.

[21]杨宗岳，吴明春.人力资源管理必备制度与表格典范[M].北京：企业管理出版社，2020.

[22]温晶媛，李娟，周苑.人力资源管理及企业创新研究[M].长春：吉林人民出版社，2020.

[23]刘娜欣.人力资源管理[M].北京：北京理工大学出版社，2018.